Schirner Verlag

KIRA BREUER GERD BREUER

EIN SCHATZ FÜR DEIN LEBEN

Goldene Weisheiten aus der Fülle des Seins

Schirner Verlag

Abbildung auf den Seiten 5, 9, 33, 47, 65, 89, 95, 97, 109, 121, 123, 129, 133:
27868140 (© Mary1507), www.fotolia.de
alle weiteren Abbildungen: © Kira Breuer & Gerd Breuer

ISBN 978-3-8434-1073-1

Kira Breuer & Gerd Breuer:
Ein Schatz für dein Leben
Goldene Weisheiten aus der Fülle des Seins

Umschlag: Aileen Roloff, Schirner
unter Verwendung von
24531459 (© alejandro dans),
27868140 (© Mary1507),
39538391 (© Aubord Dulac) und
38473264 (© MozZz), www.fotolia.de
Satz: Aileen Roloff, Schirner
Redaktion: Sandra Frey, Schirner
Printed by: ren medien, Filderstadt,
Germany

www.schirner.com

1. Auflage Oktober 2012

Inhalt

Die 9 Glücksregeln für ein glücklicheres und zufriedeneres Leben

Alles beginnt mit Vergebung.

V ergebung und Demut sind die Zauberwörter und die Schlüssel für tiefen inneren Frieden.

E inheit mit allem erlangst du, wenn du dich mit der göttlichen Quelle verbindest.

R uhe und Gelassenheit in jeder Lebenssituation zu bewahren, ist eine Kunst, die man trainieren kann.

G lück hat auch mit Loslassen zu tun. Erst wenn du bereit bist, alte Gedankenmuster und negative Strukturen loszulassen, bist du frei und glücklich.

E in Leben gefüllt mit Selbstliebe ist notwendig, um auch andere Menschen lieben zu können.

B etrachte dein Leben, als wäre es dein bester Freund.

U m all deine Wünsche und Träume zu verwirklichen, ist es wichtig, an dich selbst zu glauben.

N ur wer die Einzigartigkeit in uns erkennt, weiß, dass wir geschaffen wurden, um voneinander zu lernen.

G ib dir immer die Freiheit zur Selbstenfaltung, denn nur dann bist du authentisch.

Die 7 Weisheiten der Menschheit

Aus dem Kybalion, nach den hermetischen Lehren

Wer sich für die Darlegung der 7 Weisheiten interessiert, sich für sie öffnet, sie verinnerlicht und umsetzen kann, öffnet die letzte Tür zu allen Geheimnissen.
Niemals zuvor wurden okkulte Lehren so streng gehütet wie die hermetischen Lehren aus dem Kybalion. Nur einige Wenige hatten Zugang zu diesem Wissen. Der breiten Masse wurde es verwehrt. Aus diesen uralten Schriften geht auch die Urfassung der Tabula Smaragdina hervor, die nach Überlieferungen aus dem 8. Jahrhundert stammen soll. Das Kybalion wurde zum ersten Mal 1908 bei einer Buchveröffentlichung in Chicago erwähnt. 1919 wurde es zum ersten Mal ins Deutsche übersetzt. Man vermutet, dass die Urform des Kybalions, so wie auch die Bibel, über 2000 Jahre lang mündlich weitergegeben wurde. Gemäß jahrtausendealter Überlieferungen stammen die hermetischen Regeln von Hermes Trismegistos. »Der dreimal Große« lebte, so vermutet man, im alten Ägypten. Er war der Vater der okkulten Weisheit, der Begründer der Astrologie und der Entdecker der Alchemie.
Aus der Wiege Ägyptens wurden die Lehren nach Indien, China, Japan, Persien, Griechenland und Rom transportiert. Die Lehren und Wahrheiten wurden unter weisen Männern weitergegeben. Diese wählten in jeder Generation nur diejenigen aus, die sie für geeignet hielten, die Wahrheiten zu verstehen und weiterzu-

geben. Der Einfluss der Wahrheiten war sehr groß, sodass wir in allen uns bekannten Religionen Grundsätze aus den hermetischen Lehren finden, die aber mit unterschiedlichen Denkeinflüssen aus Theologie und Philosophie vermischt wurden.

Zitate aus dem Kybalion

Wohin die Schritte der Meister fallen, da öffnen sich weit die Ohren derjenigen, die bereit sind für ihre Lehre.

Wenn die Ohren des Schülers bereit sind, zu hören, dann kommen die Lippen, sie mit Weisheit zu füllen.

Wer diese Lebensregeln versteht und umsetzen kann, besitzt den Schlüssel zum Tor des Wissens.

Erste Weisheit:

Das Gesetz der Geistigkeit
Das All ist Geist, das Universum ist geistiger.

»Das All ist Geist und Seele, das Universum ist der allumfassende göttliche Geist.« Das All ist in allem, und alles ist im All. Das All ist der Schöpfer. Unser Höheres Selbst entspringt der Schöpfung des göttlichen Geistes. Wir sind ein aktiver Teil eines jeden Schöpfungsprozesses. Dieses erste Gesetz sagt uns, dass alles Geist ist. Jeder Gedanke ist pure Energie.

Aber was ist mit den Gedanken, was ist mit der Energie, wohin gehen sie?

Hier verwende ich folgende Umsetzung:
Das All als Schöpfer reagiert auf unseren Geist und unsere Seele. Das Universum erfasst alle Gedanken. Denn jeder Gedanke, der jemals gedacht wurde oder wird, wird ins Universum gesendet.

Als Beispiele, welche mit Sicherheit jedem schon widerfahren sind, kann man folgende nennen:
Man denkt an einen lieben Menschen, von dem man schon eine Weile nichts gehört hat. Es dauert oft nicht lange, bis dieser Mensch anruft oder man ihn zufällig trifft.
Oder man geht jeden Tag an den Briefkasten und erwartet eine größere Zahlung, die man leisten muss, zum Beispiel eine Rechnung vom Finanzamt oder die Jahresabrechnung von Strom und Wasser. Was, denkst du, ist irgendwann in deinem Briefkasten? Richtig, eine Rechnung oder Zahlungsaufforderung.
»Dein Wille geschehe« – unsere Gedanken, positiv oder negativ, sind bedient worden.

Du siehst, die ganze Welt steht in ständigem Energieaustausch. Denn du sendest nicht nur Energie, sondern du empfängst diese Energie auch und reagierst darauf. Worauf man bei seinen Gedanken achten sollte, ist, ob sie positiv oder negativ sind. Sind meine Gedanken positiv, erhalte ich eine frohe Botschaft. Die Resonanz auf meine Gedanken bleibt positiv.

Gleiche Gedanken ziehen sich an und verwandeln sich in Wahrheit. Gedanken erschaffen Realität – physisch und psychisch.

Auf diesem Prinzip beruht auch die Möglichkeit des Wünschens.

Das, was du heute denkst, wirst du morgen sein.

Jede Ursache hat ihre Wirkung;
jede Wirkung hat ihre Ursache;
alles geschieht gesetzmäßig und ist voneinander abhängig.

Dies ist eine jahrtausendealte Regel.
Das heißt, dass jeder von uns in der Lage ist,
beide Zustände – Ursache und Wirkung,
Anfang und Ende – zu beeinflussen.

Umgesetzt aus dem Kybalion von Gerd Breuer

Zweite Weisheit:

Das Gesetz der Entsprechung

Wie oben, so unten; wie unten, so oben.

Dieses Gesetz ist ein »universales Gesetz« und lässt sich auf materieller, spiritueller und geistiger Ebene anwenden. Es sagt aus, dass für ALLES, was ist und existiert, ein Gegenstück vorhanden ist.

Wie rechts, so links,
wie oben, so unten,
wie innen, so außen.

Hierzu gehören auch folgende Zusammenhänge:
Wie ich zu anderen, so andere zu mir.
Wie ich in den Wald hineinrufe, so schallt es auch heraus.
Was stelle ich dar, oder wie nimmt mich mein Gegenüber wahr?
Welche Eigenschaften akzeptiere ich an mir selbst am wenigsten? Was würde ich mir niemals erlauben?
Wie häufig passiert es, dass mich mein Gegenüber fürchterlich ärgert oder aufregt?

Dazu folgende Erklärung:
Sicherlich hat jeder von uns Eigenschaften, die wir uns selbst niemals eingestehen würde, die wir geschickt kaschieren. Ein jeder hat auch unausgelebte Wünsche, Sehnsüchte und Träume. Genau das, was ich mir verwehre oder verwehrt habe, lebt mir mein Gegenüber flugs in einem Moment des Ärgerns vor. Mir wird sozusagen ein Spiegel vorgehalten, um mir zu zeigen, wo ich noch an mir arbeiten muss.
Man spricht hier auch wieder von ungelösten alten Verhaltensstrukturen. Was mich an meinem Gegenüber am meisten ärgert, ist in mir noch nicht gelöst. Hier ist es wichtig, sich mit dem inneren Kind auseinanderzusetzen.
Somit besteht zwischen allen Gesetzen und Phänomenen der unterschiedlichen Ebenen des Daseins ein Zusammenhang.

Diese Regel ist sehr vielen auch unter anderem Namen bekannt: »die Spiegelgesetze« oder »die Resonanzgesetze«.

Es hängt von dir selbst ab,
von deiner eigenen Sichtweise,
ob du am Anfang
oder am Ende eines Weges stehst.

Umgesetzt aus dem Kybalion von Gerd Breuer

Wie innen, so außen.
Wenn wir einen Schutzwall um uns errichtet haben,
kann uns nichts mehr erreichen.
Wir sind nicht mehr verletzlich, wir sind hart geworden.
Lassen wir dann aber noch Emotionen zu?
Liebe und Freude – kommt das noch zu uns durch?
Ist es nicht besser, den Wall wieder abzureißen,
Licht an uns zu lassen, um das Leben, die Liebe wieder mit allen Facetten genießen zu können?

Umgesetzt aus dem Kybalion von Gerd Breuer

Dritte Weisheit:

Das Gesetz der Schwingung

Nichts ruht, alles bewegt sich, alles schwingt.

Dieses Gesetz beruht auf der Wahrheit, dass alles in Bewegung ist, dass nichts stillsteht, alles Schwingung ist. Dass alles schwingt und es keinen Ruhezustand gibt, wird mittlerweile von der modernen Wissenschaft bestätigt.

Dieses hermetische Prinzip erklärt die Zusammenhänge zwischen Materie, Energie, unserer Seele sowie unserem Geist und unseren Gedanken. Alles ist in Schwingung, angefangen beim All, welches reiner Geist ist, bis hin zu den gröbsten Formen der Materie.

Das bedeutet:
Je höher die Schwingungsfrequenz ist, desto höher ist die Stellung der Erscheinungsform auf der »Stufenleiter des Daseins«. Der Geist in seiner höchsten Erscheinungsform schwingt unendlich schnell und scheint dadurch fast in einer Ruhestellung. Am anderen Ende der »Stufenleiter des Daseins« befinden sich die alltäglichen Erscheinungsformen der Materie. Deren Schwingungsfrequenz ist jedoch so langsam, dass sie nicht wahrnehmbar ist. Innerhalb dieser beiden Schwingungsfrequenzen gibt es unendlich viele unterschiedliche Schwingungsgrade. Wer dieses Gesetz umsetzen kann, ist in der Lage, sein Wohlbefinden zu steuern und seine Schwingungsfrequenz zu erhöhen. Und wer sich selbst gut lenken kann, ist auch in der Lage, die negativen mentalen Schwingungen anderer ins Positive zu lenken.

Als Beispiel:
Gute Laune ist meist ansteckend und beeinflusst das Umfeld. Lächle, und du bekommst ein Lächeln zurück.

Deine Gedanken erschaffen deine Wirklichkeit.
Ein Lächeln schwingt höher als tausend Worte.

Du solltest nie dein Glücksgefühl davon abhängig machen,
was andere tun oder sagen.
Für deine Glücksgefühle bist nur du allein zuständig.

Umgesetzt aus dem Kybalion von Gerd Breuer

Vierte Weisheit:

Das Gesetz der Polarität

*Alles ist zweifach vorhanden, alles hat zwei Pole –
Pol und Gegenpol. Alles hat ein Gegenstück, ein Gegenüber.
Gleich und ungleich ist ein- und dasselbe.
Alle Gegensätze sind in der Natur gleich,
der Unterschied ist von gradueller Art.
Alle Wahrheiten sind nur halbe Wahrheiten,
und alle Widersprüche können miteinander
in Einklang gebracht werden.*

Sind das nicht auch Naturgesetze? Denken wir etwa an unsere Pole, den Nord- und den Südpol. Auch warm und kalt sind ein Gegensatzpaar. Im Prinzip sind sie jedoch gleich, denn wir reden bei beidem über eine Temperatur, der Unterschied besteht lediglich in der Gradzahl und dem persönlichen Empfinden jedes Einzelnen. Somit kann jeder für sich entscheiden, was warm und was kalt ist. Wo hört Hitze auf, und wo beginnt Kälte? Man muss hierbei beachten: Was für den einen warm ist, kann für den anderen schon kalt sein. Die Unterschiede zwischen warm und kalt sind nur die verschiedenen Abstufungen, die wir kennen. Wir nennen diese Abstufungen Grad Celsius oder Fahrenheit. Mit diesen Abstufungen können wir die Unterschiede zwischen warm und kalt benennen. Das ist dann die Temperatur.

Dieser Vergleich passt auf alle Gegensätze wie schwarz und weiß, kurz und lang, groß und klein, hart und weich, hell und dunkel usw. Das Gesetz der Polarität erklärt das Paradoxon. Kein anderes Gesetz kann es beiseitestellen.

Wo trifft die vierte hermetische Regel auf der geistigen Ebene zu? Sie zeigt sich in unseren Gefühlen: Hass und Liebe oder Sympathie und Antipathie.

Jeder weiß: Nur wo Liebe ist, kann auch Hass entstehen, beides sogar mit der gleichen Leidenschaft. Es ist das gleiche Gefühl, nur umgekehrt. Ohne Liebe kein Hass.

Zwei extreme Pole, vollkommen unterschiedlich mit entgegengesetzten Aspekten. Aber auch hier gilt: Was wahrgenommen wird, liegt an der Sichtweise jedes Einzelnen, und Liebe und Hass sind nur verschiedene Abstufungen eines Gefühls.

Wer dieses Gesetz verinnerlicht und umsetzen kann, ist in der Lage, die Schwingungen des Hasses in Schwingungen der Liebe zu wandeln – bei sich selbst und auch bei anderen.

Die Kunst des Hermetikers besteht darin,
das Gesetz der Polarität zu nutzen,
um Negatives in Positives umzuwandeln
und Böses in Gutes.

Du kannst vieles in deinem Leben tun.
Trenne dich aber niemals von deinen Wünschen,
von deinen Träumen sowie deinen Illusionen und Hoffnungen.
Denn auch wenn sie verschwunden sind,
wenn du sie unterdrückt hast,
wenn du einen Deckel daraufgesetzt hast,
wirst du weiterexistieren.
Aber du wirst aufgehört haben zu leben.

Umgesetzt aus dem Kybalion von Gerd Breuer

Fünfte Weisheit:

Das Gesetz des Rhythmus

*Alles ist im Rhythmus, alles fließt aus und ein,
alles unterliegt den Gezeiten.
Das Schwingen eines Pendels zeigt sich in allem.
Die Masse des Schwunges nach links
ist gleich der Masse des Schwunges nach rechts,
Rhythmus kompensiert und gleicht aus.*

Dieses Prinzip sagt aus, dass sich alles in einer Hin-und-her-Bewegung befindet, ein Herein und Heraus, ein Auf und Ab oder auch ein Vor und Zurück. Der Ausschlag zur einen Seite ist gleich dem Ausschlag zur anderen Seite.
Auf eine Aktion folgt somit immer eine Reaktion, auf einen Fortschritt folgt ein Rückschritt, auf ein Hoch ein Tief. Das gilt für alles: Das Universum und die Energie, Tiere und Menschen, Geist und Materie – alles unterliegt dieser Regel. Dieses Gesetz bestätigt sich aber auch in der Entstehung und im Untergang von Kulturen, im Leben aller Lebewesen und auch in den uns bekannten Gefühlen, die in uns Menschen wohnen. Gerade im Zusammenhang mit den mentalen Zuständen der Menschen ist es besonders wichtig, das Gesetz des Rhythmus zu verstehen. Wir können zwar viele Dinge nicht aus der Welt schaffen oder gar aufheben, wir können aber für uns lernen, alles, was um uns herum geschieht, nur bis zu einem gewissen Grad an uns heranzulassen. Wir können Situationen für uns neutralisieren und das Pendel zum Stillstand bringen, um es neu zu schwingen. Es entsteht ein neuer Rhythmus, den wir beeinflusst haben, eine bewusst gesteuerte Selbstbeherrschung, die wir mithilfe unseres Willens hervorgerufen haben. Somit kann uns nichts, was auch immer um uns herum geschieht, aus dem Gleichgewicht bringen.
Der Hauptteil der mentalen hermetischen Alchemie beruht auf den Methoden des Entgegenwirkens, der Neutralisation und der Gesetze der Polarität und des Rhythmus.

Wer das Gesetz des Rhythmus umsetzen kann, findet inneren Frieden und lebt mit allem im Gleichklang, denn in der Ruhe liegt ja bekanntlich die Kraft.

Bemerke eine negative Schwingung, nimm sie wahr,
wandele sie, nimm sie aber nicht an.

Umgesetzt aus dem Kybalion von Gerd Breuer

Sechste Weisheit:

Das Gesetz von Ursache und Wirkung

Jede Ursache hat ihre Wirkung,
und jede Wirkung hat ihre Ursache,
alles geschieht gesetzmäßig. Es gibt keine Zufälle.
Die Ursache kann auf einer anderen Ebene liegen
als die Wirkung. Dem Prinzip entgeht jedoch nichts.

Es gibt verschiedene Ebenen von Ursache und Wirkung. Hier gilt, dass die höhere Ebene die jeweils niedrigere Ebene bestimmt. Diesem Prinzip kann nichts entgehen.
Durch Spiritualität ist man in der Lage, sich geistig in eine höhere Ebene zu versetzen, als die, auf der man sich zum jetzigen Zeitpunkt befindet. Das ist der Punkt, an dem man selbst zur Ursache wird, statt der Wirkung unterworfen zu sein.
Der einfache Mensch lässt sich fügsam leiten. Er gehorcht allen Einflüssen, denen er ausgesetzt ist, dem Willen und den Wünschen derjenigen, die mehr Macht besitzen als er selbst. Es geschieht leider immer wieder, dass einige Menschen sich aus niederen Beweggründen über andere erheben und ihnen ihren Willen und ihre Wünsche bewusst aufoktroyieren. Als Grund, warum sie das tun, führen sie zum Beispiel an, dass ihre Erbanlagen sie dazu berechtigen. Dadurch machen sie andere zu Bauern im Schachspiel des Lebens. Der weise Mensch hingegen erhebt sich auf die nächsthöhere Ebene und hat selbst die Macht über seine Gefühle, seinen Charakter, seine Eigenschaften und seine verborgenen Kräfte. Dadurch spielt er selbst das Spiel des Lebens, statt zum Spielball der anderen und äußerer Einflüsse zu werden. Er nimmt sein Leben selbst in die Hand, statt sich immer auf andere zu verlassen, die ihm die Steine aus dem Weg räumen und denen er immer die Schuld für etwas zuweisen kann. Der weise Mensch handelt eigenverantwortlich, und das sollte die Aufgabe jedes Menschen sein. Jeder Mensch ist ausschließlich nur für sich selbst verantwortlich. Für nichts und niemanden sonst, nur für sich selbst.

Du selbst bist der Regisseur deines eigenen Lebensfilmes.
DU BIST FÜR DICH SELBST VERANTWORTLICH.

Es gibt kein Gut oder Schlecht.
Es gibt keine Fehler.
Es gibt nur Weiterentwicklungen
und Lernprozesse.

Umgesetzt aus dem Kybalion von Gerd Breuer

Na super, falsch geparkt, ein Ticket bekommen.
Das Paket, auf das ich warte, ist verloren gegangen.
Alle Kunden meckern heute rum!

Sind wieder einmal die anderen schuld?
Warum sind alle schlecht zu mir?
Was wollen die alle von mir?

Oder kann es sein, dass meine Umwelt mich spiegelt?
Dass meine Umwelt in Resonanz zu mir geht?
Bin ich vielleicht schlecht drauf,
und meine Umwelt zeigt mir das?

Umgesetzt aus dem Kybalion von Gerd Breuer

Siebte Weisheit:

Das Gesetz des Geschlechts

Geschlecht ist in allem,
alles hat männliche und weibliche Prinzipien und Anteile.
Geschlecht offenbart sich auf allen Ebenen.

Dieses Gesetz beinhaltet die Wahrheit und zeigt auf, dass alles ein Geschlecht hat. Es gibt nichts Geschlechtsloses. Das maskuline, männliche, und das feminine, weibliche, Prinzip sind ständig aktiv. Dies gilt nicht nur für die körperliche Ebene, sondern auch für die geistige und die spirituelle Ebene. Auf der körperlichen Ebene zeigt sich dieses Prinzip durch unser Geschlecht, auf der höheren Ebene nimmt es höhere Formen an, doch es bleibt im Grunde immer dasselbe.
Dieses Gesetz entfaltet sich immer in der Richtung von Zeugung, Neubildung und Schöpfung.

Ohne Geschlecht ist kein Schöpfungsvorgang möglich, keine Neuerschaffung, keine Erneuerung. In allem, auch in uns Menschen, sind Anteile beider Geschlechter vorhanden. Zu jedem femininen Element gehört ein maskulines Element.
Dies hat zur Folge, dass in einer Frau beide Elemente vorhanden sind ebenso wie in einem Mann. Bei uns Menschen ist dies zum Beispiel ein Zusammenspiel der Archetypen sowie der Anima und des Animus.

Wünschenswertes

Träume sind keine Schäume

**_Versuche immer, an deinen Träumen festzuhalten.
Du hast die Fähigkeit und die Energie, das zu tun,
was du willst. Versetze dich in die Lage,
wie es sich anfühlt, wenn du das bist oder tun kannst,
was du als erstrebenswert ansiehst.
Stück für Stück kommst du deinen Träumen näher.
Egal wie schwierig es wird, halte an deinen Träumen fest,
es lohnt sich. Wenn du eines Tages erwachst,
wirst du sehen, dass deine Träume Wirklichkeit geworden
sind, und das nur, weil du so mutig warst,
an dich und deine Träume zu glauben._**

Der Wunsch

Der Wunsch ist so alt wie die Menschheit. Niemals hat es eine Zeit gegeben, in der man keine Wünsche hatte. Das Einzige, was sich geändert hat, ist die Art des Wunsches.
Wenn man sich in die Urzeit der Menschen zurückversetzt, war sicherlich der vorherrschende Wunsch, täglich Nahrung zu finden und ein Dach über dem Kopf zu haben – wobei das Dach hier wohl mehr das Gewölbe einer Höhle war.
Auch heute noch sind Wünsche vielfältig. Sie unterscheiden sich je nach Kultur, Lebensweise, sowie Herkunft und finanziellem Status der Menschen.
Ein Obdachloser wünscht sich wahrscheinlich eine warme Mahlzeit täglich und vielleicht noch, warm und trocken nächtigen zu können.
Wenn man nun einen Menschen betrachtet, der finanziell sehr gut steht, der für viele Menschen als gut situiert gilt, ein Mensch, der zum Beispiel ein wunderschönes, großes Haus mit einem großen Garten besitzt, ein schickes Auto sein Eigen nennt – was für Wünsche kann so ein Mensch noch haben? Dies fragt sich vielleicht der eine oder andere von uns. Da der Wunsch und das Verlangen bei uns Menschen oftmals nach immer mehr ausgerichtet sind, liegt es geradezu nahe, dass sich ein solcher Mensch ein noch größeres Haus und ein noch schickeres Auto oder gar mehrere Häuser und mehrere Autos wünscht.

Hier erkennt man, dass das Wünschen viele Gesichter hat und zu unserem Leben in irgendeiner Form dazugehört.
Hat sich der eine Wunsch erfüllt, hat man einen neuen Traum, ein neues Ziel, einen neuen Wunsch.

Jetzt gibt es aber Menschen, bei deinen es den Anschein hat, dass es besonders gut mit dem Wünschen funktioniert.
Die andere Seite sind Menschen, bei denen wiederum das Wünschen nicht so gut funktioniert.

Wenn man jedoch erst einmal den Schlüssel zum Wünsche-Erfüllen gefunden hat, dann weiß man genau, wie man seine Herzenswünsche in die Wirklichkeit holt.
Das Wünschen beruht auf Resonanz. Erfahrungsgemäß funktioniert es am besten, wenn man seinen Wunsch in vier Schritte unterteilt.

Die vier Schritte des Wünschens:

Wünschen
Visualisieren
Resonanz erzeugen
Manifestieren

Wünschen:
Seit einiger Zeit nun entsteht ein Wunsch in dir. Es ist wichtig, diesen Wunsch so präzise wie möglich zu definieren, da das Universum 1:1 liefert. Wenn wir uns verzetteln und den Wunsch immer wieder neu definieren, dann verzögert sich die Lieferung um ein Vielfaches. Mein Tipp: Kaufe dir ein kleines Büchlein, in das du ab sofort deine Wünsche niederschreibst. Das Datum solltest du dabei nicht vergessen, damit du nachverfolgen kannst, wann du den Wunsch abgeschickt hast.

Visualisieren:
Nun ist dein Wunsch notiert und definiert. Beim Betrachten der geschriebenen Zeilen spürst du immer mehr die Begehrlichkeit, die sich in dir ausbreitet. Günstigstenfalls versuchst du, Bilder vor deinem geistigen Auge erscheinen zu lassen. Schließe dabei die Augen, und stelle deinen bereits erfüllten Wunsch einfach vor dir auf. Betrachte ihn, und spüre in dich hinein. Spürst du Glücksgefühle wie ein Kind zu Weihnachten? Stelle dir nun vor,

wie es sich anfühlt, wenn sich dein Wunsch bereits erfüllt hat. Lebe den erfüllten Wunsch schon in der Gegenwart.

Resonanz erzeugen:

Du denkst an deinen erfüllten Wunsch, und dir geht dein Herz auf. Du weißt, es ist genau das, was dein Herz zum Jubeln bringt. Deine Gedanken sind bei dem, was du wirklich willst. Genau da liegt der Schlüssel zur Resonanz.

Manifestieren:

Deine Gedanken erschaffen deine Wirklichkeit, und deine Wünsche werden Wahrheit. Sie haben sich manifestiert.

Der Regenbogen

Schon als Kinder spürten wir bei dem Anblick eines Regenbogens eine große Faszination. Leuchtend bunt, fast majestätisch strahlend spannte er sich am Firmament.
Dieses luftige, farbenfroh schillernde Gebilde aus Licht lässt uns in Träume versinken und holt uns für einen Moment aus dem oftmals hektischen Alltag. Schnell ist vergessen: Ohne den Regen gäbe es keinen Regenbogen.

Erinnerungen an Kindertage

Sehr hilfreich ist es auch, sich an Kindertage zu erinnern, denn da konnten wir alle besonders gut visualisieren, speziell wenn es sich um Geschenke zu Geburtstagen oder auch zu Weihnachten handelte.

Als Kinder konnten wir uns genau vorstellen, wie es sich anfühlt, mit dem neuen Spielzeug zu spielen. Wir waren regelrecht in unseren Tagträumen gefangen und sahen gewisse Situationen vor unserem geistigen Auge. Manchmal waren wir so tief in unseren Träumen versunken, dass die Stimme der Mutter oder des Lehrers uns jäh aus unseren Träumen riss.
Wichtig ist nicht nur, die Wunschsituation zu sehen, sondern auch zu spüren, wie toll es wäre, wenn der Wunsch sich bereits erfüllt hätte.

Früher als Kinder sagten wir immer: »Komm, lasse uns nur so spielen«, was nichts anderes bedeutete als »Wir tun so, als ob«. Und genau das sind das Gefühl und die Fantasie, die wir brauchen, um uns alle Wünsche erfüllen zu können. Wenn wir dieses Prinzip wieder hervorholen und uns auf unsere Kindertage zurückbesinnen, ist es möglich, alles zu erreichen, und kein Wunsch bleibt mehr offen.

So einfach kann Wünschen sein:

Als Kinder hatten wir alle diese wunderbare Fähigkeit.

Vor Weihnachten stand ich mit großen, strahlenden Kinderaugen vor einem weihnachtlich dekorierten Schaufenster und betrachtete fasziniert das Objekt der Begierde: Ein wunderschönes, leuchtend buntes Fahrrad erstrahlte unwirklich wie eine Vision in dem vorweihnachtlichen Lichterglanz. Die vielen fröhlichen Farben dieses Gefährts erinnerten mich sofort an einen Regenbogen und ließen mein Herz höherschlagen. Ich drückte meine Nase gegen das eiskalte, winterlich geschmückte Schaufenster, um meinem Traum ein wenig näherzukommen. So eines hatte ich mir schon immer gewünscht! Wie angewurzelt stand ich da und konnte mich gar nicht sattsehen. Erst die Stimme meiner Mutter riss mich unsanft aus meinen Träumen.

Auf dem Nachhauseweg ging mir dieses Fahrrad nicht mehr aus dem Kopf. In Gedanken stellte ich mir vor, wie ich mit ihm durch unsere Wohnsiedlung fahren und meine Runden drehen würde. Vor meinem geistigen Auge sah ich meine Spielkameraden, wie sie mir mit bewundernden Blicken hinterherschauten. Ich spürte den Wind in meinen Haaren und die wärmenden Sonnenstrahlen in meinem Gesicht. Ein Hauch von Freiheit und

großer, weiter Welt der Mobilität keimte in mir auf. Es fühlte sich toll an, mit diesem kunterbunten, glänzenden Rad durch die Wohnsiedlung zu flitzen. Die kindliche Sehnsucht wuchs unaufhörlich, und ich seufzte einmal ganz tief.
In den nächsten Tagen und Wochen dachte ich immer und immer wieder an meinen Wunsch. Die Weihnachtszeit nahte, und in meinem Kopf war nur eine einzige Frage: »Geht mein Wunsch in Erfüllung?« Immer wieder sah ich mich vor meinem geistigen Auge mit meinem neuen regenbogenfarbenen Fahrrad umherfahren, und bei dem Gedanken überwältigten mich Glücksgefühle und zauberten mir ein verträumtes Lächeln auf die Lippen. Plötzlich war ich mir sicher, dass sich mein Wunsch erfüllen würde. Ich hoffte nicht, ich glaubte nicht – ich war mir sicher, allen Zweifeln darüber erhaben. Ja, ich war mir sicher, dieser Wunsch würde in Erfüllung gehen, ohne Wenn und Aber. Was, glaubst du, ist passiert? Richtig, der Heiligabend kam, und unterm Weihnachtsbaum stand »mein« buntes Fahrrad. Nicht eine Sekunde hatte ich gezweifelt, denn ich war mir sicher gewesen.

Es hört sich einfach an – ist es auch. Denn dieses Beispiel lässt sich auf alle Wünsche übertragen. Wir müssen nur wieder lernen, die Welt ein bisschen mit Kinderaugen zu betrachten. Wir haben es nur vergessen, wie wir als Kinder dachten und handelten, es ist ja meist auch schon etwas länger her. Aber glaube mir, was einmal da war, verschwindet nicht wirklich, sondern muss nur wieder hervorgeholt werden.

Der Griff nach den Sternen

Lasse dir niemals einreden,
deine Wünsche und Träume wären zu hoch gesteckt.
Es ist auch nicht arrogant oder gar schändlich,
über Großes zu reden oder Großes zu wollen.
Nach den Sternen zu greifen, ist nicht verwerflich.
Das Universum hält für uns alle alles bereit.

Eine praktische Übung zum Thema Wünschen

Wichtig ist, wie schon einmal erwähnt, genau zu definieren und eine Resonanz zu erzeugen, und du wirst staunen, wie reich du am Ende auf allen Ebenen beschenkt wirst.

Mit kleinen Übungen fängt man an. Warum mit kleinen Übungen? Wenn man mit einem kleinen Wunsch anfängt, zweifelt man auch nicht so schnell, ob er denn wohl in Erfüllung gehen könnte. Jeder Zweifel würde den Wunsch sofort wieder entkräften. Also beginnen wir mit kleinen Wünschen. Viele kennen ja schon den Parkplatzwunsch. Für die, die ihn nicht kennen, beschreibe ich ihn hier kurz:

Du möchtest mit dem Auto in die Stadt fahren. Es ist Freitagnachmittag, und du weißt, dass die Geschäfte aus allen Nähten platzen und die Parkplätze natürlich auch. Kein Problem, dann bestellst du dir eben einen Parkplatz, kurz bevor du losfährst, und zwar dort, wo du am liebsten parken würdest. Dann bedankst du dich für die Reservierung. Wenn du an dem Parkplatz ankommst, ist der Platz meist schon frei, oder das Auto, das vor dir dort geparkt hatte, fährt gerade aus der Parklücke heraus. Du glaubst es nicht? Dann probiere es selbst aus. So viele Menschen können nicht irren. Denn bis jetzt hat es bei allen geklappt, ausnahmslos. Was beim Parkplatz funktioniert, funktioniert auch bei anderen Wünschen. Das Einzige, was wir zum Wünschen und zur Wunscherfüllung benötigen, ist der uner-

schütterliche Glaube daran, dass unsere abgeschickten Wünsche in Erfüllung gehen – immer. Der kraftvollste Satz, den man in einen Wunsch legen kann, beginnt immer mit:
»Ich bin ....«,
oder:
»Ich bin so glücklich und dankbar, weil ....«,
oder:
»Danke für ....« zum Beispiel »den Parkplatz ....«.
ACHTUNG: Definiere hier genau, wo und wann du den Parkplatz bekommen möchtest.
Wichtig ist es, deinen Parkplatz, bestenfalls einen leeren Parkplatz, vor deinem geistigen Auge zu sehen.

Die kleine Chakrenlehre

Nach glaubhaften Überlieferungen des Ostens gibt es sieben Haupt-Energiezentren oder Chakren, die sich an der Wirbelsäule bzw. entlang der senkrechten Mittelachse des Körpers befinden und den Energiefluss in unserem Körper regulieren und steuern. Wenn unsere Chakren frei und unbelastet sind, funktionieren sie problemlos und versorgen unser gesamtes Körpersystem mit Energie aus den Regionen unseres Körpers, mit denen sie verbunden sind. Alles ist im Flow.

Probleme treten immer erst dann auf, wenn Blockaden die Chakren »verstopfen« und den Energiefluss hemmen oder gar komplett unterbrechen. Die Blockaden werden durch uns selbst geschaffen, meist durch traumatische Erlebnisse, die mit heftigen Emotionen verbunden sind, manchmal aber auch durch akuten oder immer wiederkehrenden Ärger oder Stress. Oftmals finden Blockierungen in allen Chakren gleichzeitig statt, denn alle Chakren sind miteinander über das Herzchakra verbunden.

Um seine Chakren wieder auszugleichen und den Energiefluss wieder anzuregen, gibt es mehrere Möglichkeiten wie zum Beispiel Yogaübungen, Reiki, Tai Chi, Qigong, Meditationen oder gezielte Ernährung.

Das erste Chakra

Das Basis- oder Wurzelchakra ist rot und dem Element Erde zugeordnet.

Lage:
Das Wurzelchakra befindet sich am unteren Ende der Wirbelsäule auf der Höhe des Steißbeins. Seine Energie versorgt den im Beckenbereich liegenden unteren Verdauungstrakt. Es gilt als Zentrum unserer Energieversorgung. Es beeinflusst unser Skelett und dessen Stabilität und die damit verbundenen Extremitäten sowie unsere Zähne, unsere Nägel und unseren Ischiasnerv. Das Basischakra wirkt auf den Blutbildungsprozess ein.

Das Wurzelchakra im Flow:
Du hast ein gesundes Maß an Selbstsicherheit und Realitätssinn. Du hast deinen festen Platz auf der Welt und fühlst dich sicher. An diese Sicherheit ist auch deine existenzielle Lage gekoppelt mit Faktoren wie Beruf, Geld und alle materiellen Güter, die zu deinem Wohlbefinden beitragen.

Was wir tun können, um unser Wurzelchakra zu stärken:
Die Farbe Rot bedeutet Bewegung, Lebenskraft, Lebensfreude und Energie. Es ist die Farbe des Blutes, unseres Lebenssaftes. Rot aktiviert und vitalisiert, schenkt uns Intensität und Lebenskraft, Wärme und Mut.

Um das Wurzelchakra zu unterstützen, können wir uns in rote Kleidung hüllen oder rote Tücher und Schals tragen. Rote Edelsteine, wie zum Beispiel Rubin, Granat, roter Jaspis, rote Koralle oder rotbraunen Achat, können ebenso zur Energieverstärkung beitragen. Mit roten Socken können wir uns am besten erden, damit wir schnell unsere Erdgebundenheit wieder spüren.

Auch unsere Nahrung sollte viel roten Farbstoff beinhalten. Rote Lebensmittel gibt es in Hülle und Fülle, wie zum Beispiel Tomaten, Paprika, Rote Bete, rote Rüben, Erdbeeren, Himbeeren usw. Sie steigern deine Leistungsfähigkeit und regen deinen gesamten Stoffwechsel an.

Das zweite Chakra

Das Sexual- oder Sakralchakra ist orange und dem Element Wasser zugeordnet.

Lage:
Das Sakralchakra befindet sich fünf bis acht Zentimeter unterhalb des Bauchnabels, auf der Höhe des Schambeins. Es versorgt mit seiner Energie unsere Geschlechts- und Unterleibsorgane, den Harntrakt sowie den gesamten Beckenbereich, das Kreuzbein und den Blutkreislauf. Ferner gilt es als das Zentrum der menschlichen Sexualität, der eigenen Kreativität und ungefilterter Emotionen. Hier werden die Verdauung und die Ausscheidung gesteuert, welche mit dem Thema Loslassen zusammenhängen.

Das Sakralchakra im Flow:
Fließen die Energien im Sakralchakra störungsfrei, spürst du die Leichtigkeit des Seins, und es fällt dir leicht, das Leben mit allen Sinnen zu genießen. Menschen, die eine gesunde Sexualität leben und ausleben können, strotzen vor Lebensfreude und Vitalität. Das Selbstbewusstsein und die Selbstliebe werden erheblich zum Positiven beeinflusst.

Was wir tun können, um unser Sakralchakra zu stärken:
Die Farbe Orange symbolisiert die untergehende Sonne, sie ist die Farbe für Optimismus und pure Lebensfreude. Orange hält die Lebensenergie im Fluss und kann festgefahrene emotionale Strukturen auflösen. Es wirkt belebend, erfrischend und erneuernd wie ein Impulsgeber. Es weckt die Freude am sinnlichen Genuss und schenkt uns wieder mehr Gesundheit und neue Lebensqualität.

Um das Sakralchakra zu unterstützen, können wir uns in orangefarbene Kleidung hüllen oder orangefarbene Tücher und Schals tragen. Orangefarbene Edelsteine, wie zum Beispiel Orangencalcit, Karneol, Goldtopas, Aventurin, Koralle, Sonnenstein, Feueropal oder Bernstein, können wir zur Energieverstärkung tragen.

Auch unsere Nahrung sollte Orange beinhalten, wie zum Beispiel Kürbis oder orangefarbene Paprika, Karotten, Mango, Orangen usw. Orangefarbene Lebensmittel können helfen, depressive Verstimmungen zu vertreiben, aus den Fugen geratenen Emotionen wieder auszubalancieren, und sie gelten als appetitanregend.

Das dritte Chakra

Das Nabel- oder Solarplexuschakra ist gelb und dem Element Feuer zugeordnet.

Lage:
Das Solarplexuschakra befindet sich direkt über dem Bauchnabel und ist von großer Bedeutung für unseren gesamten Organismus. Das Areal um den Bauchnabel herum nennt man auch Sonnengeflecht. Ihm entspringt der Hauptanteil unserer Lebensenergie. Die Energie des Nabelchakras versorgt den Magen, den Dünndarm, die Leber sowie die Milz und die Gallenblase und sorgt unter anderem auch für die Regulation des Verdauungsprozesses sowie die des vegetativen Nervensystems.

Das Solarplexuschakra im Flow:
Menschen mit einem ausgeglichenen Nabelchakra können spontane Entscheidungen aus dem Bauch heraus treffen und liegen dabei oftmals richtig. Sie sind authentische Persönlichkeiten, besitzen eine große Willenskraft und lassen ihren Gefühlen freien Lauf. Oftmals verfügen sie über großes Wissen und große Weisheit, Vernunft und Logik. Sie unterdrücken keine Emotionen und sind ehrlich mit sich und ihrem Umfeld.

Was wir tun können, um unser Solarplexuschakra zu stärken:
Gelb ist die Farbe, die unsere Sonne am Tage hat. Sie vermittelt Leben und Wärme. Gelb ist der Impulsgeber für die Leichtigkeit des Seins, Fröhlichkeit und heitere Gelöstheit und hilft uns bei unserer Entfaltung. Seine Schwingungen öffnen uns für das Leben, fördern die Kontaktfreudigkeit und die Verarbeitung von Erfahrungen zu Erkenntnissen. Sie beleben das Denken und stimulieren die Übertragung von Nervenimpulsen.

Um das Solarplexuschakra zu unterstützen, können wir uns in gelbe Kleidung hüllen oder gelbe Tücher und Schals in allen Schattierungen tragen. Gelbe Edelsteine, wie zum Beispiel Bernstein, Tigerauge, Citrin, gelber Jaspis, Goldberyll oder gelber Spinell, können wir zur Energieverstärkung tragen.

Auch unsere Nahrung sollte Gelb beinhalten, wie zum Beispiel gelbe Zucchini, gelbe Paprika, Mais, Bananen, Zitronen oder Safran. Vor anstehenden Prüfungen ist es sinnvoll, gelbe Lebensmittel zu verzehren, denn sie fördern unsere Konzentration und stärken unsere Nerven.

Das vierte Chakra

**Das Herzchakra ist grün
und dem Element Luft zugeordnet.**

Lage:
Das Herzchakra befindet sich in der Mitte des Brustkorbs. Seine Energie beeinflusst den gesamten Brustbereich. Sie wirkt auf Herz, Lunge und Kreislauf sowie auf unsere Haut und das Blut, welches durch das Herz gepumpt wird, sowie auf Arme, Hände und die obere Rückenpartie.
Auch die Tätigkeit der Thymusdrüse liegt im Einflussgebiet des Herzchakras und spielt eine äußerst wichtige Rolle bei unserer Immunabwehr. Alle anderen Chakren stehen in direkter Verbindung mit dem Herzchakra.

Das Herzchakra im Flow:
Das Herzchakra ist für die Zwischenmenschlichkeit und die Emotionen zuständig und gilt als Brücke zu den Mitmenschen. Wenn wir uns auf unser Herz verlassen, sind wir in der Lage, unser Ego »auszuschalten«. Ein intaktes Herzchakra lässt uns unsere egoistischen Interessen schier vergessen. Es ist das Zentrum der Liebe zum Partner, zu den Kindern, zur Familie und auch zu allen anderen Menschen. Auf Liebe und Vertrauen basierend, fördert es die Übernahme von Verantwortung für unsere Mitmenschen.

Was wir tun können, um unser Herzchakra zu stärken:
Die Farbe Grün symbolisiert Harmonie, Ruhe und Ausgeglichenheit. Um das Herzchakra zu unterstützen, können wir uns in grüne oder rosa Kleidung hüllen oder grüne bzw. rosafarbene Tücher und Schals tragen. Grün ist die Farbe der Natur, des Waldes und der Wiesen. Sie wirkt beruhigend auf Körper, Geist und Seele und schenkt Heilung und Erneuerung. Grün bewirkt in uns ein Gefühl von Harmonie und Frieden. Unter diesem Einfluss sind wir in der Lage, uns zu erholen, uns zu regenerieren und neue Kräfte zu tanken. Grün ist auch die Farbe der Sympathie und des Mitgefühls. Grüne Edelsteine wie Smaragd, Jade, Malachit, Aventurin, Peridot oder Moosachat können unterstützend getragen werden.

Rosa ist die Farbe der Liebe in all ihren Facetten und steht für Sanftheit und Zärtlichkeit. Sie macht uns empfänglich für Schönheit, Kreativität und Harmonie und regt uns dazu an, unser Empfinden ins Außen zu tragen. Edelsteine wie Rosenquarz oder rosa Turmalin können unterstützend getragen werden.

Auch unsere Nahrung sollte viel Grün beinhalten, wie zum Beispiel Spinat, Gurken, grüne Paprika, Zucchini, Salate, viel frische Kräuter, grüne Weintrauben usw.

Das fünfte Chakra

**Das Kehl- oder Halschakra ist hellblau
und dem Element Äther (Akasha) zugeordnet.**

Lage:
Das Halschakra befindet sich auf Höhe des Kehlkopfes und versorgt mit seinen Energien Hals, Kiefer, Kehlkopf, Speise- und Luftröhre mitsamt der Atmung, die Halswirbelsäule, den Kiefer und den Nackenbereich, die Schultern und das Gehör. Auch der Klang der Stimme wird von den Energien des Halschakras beeinflusst.

Das Halschakra im Flow:
Das Halschakra ist das Zentrum der Kommunikation und des Selbstausdrucks, aber auch das der Selbstdarstellung und der Unabhängigkeit. Es verbindet Kopf und Körper miteinander.
Ist das fünfte Chakra im Flow, zeigt sich das in einer aktiven Kommunikationsfähigkeit. Man ist diskussionsfreudig und in der Lage, über Emotionen und Gefühle zu sprechen. Man kann sich anderen gegenüber verständlich mitteilen und ist ein guter Zuhörer. Manche Menschen sprudeln nur so vor Kreativität und Inspiration. Wenn das Kehlchakra im Flow ist, ist es ein Leichtes, seine Schwächen und seine Stärken zu zeigen, um Hilfe zu bitten, aber auch Hilfe anzunehmen. Man geht dann offen und ehrlich mit sich und seiner Umwelt um.

Was wir tun können, um unser Halschakra zu stärken:
Um das Halschakra zu unterstützen, können wir uns in hellblaue Kleidung hüllen oder hellblaue Tücher und Schals tragen. Wir sollten uns viel an der frischen Luft aufhalten, spazieren gehen und uns den Wind um die Nase wehen lassen.

Die feinen Schwingungen von Hellblau erinnern uns an die Unendlichkeit und die Klarheit des Himmels. Hellblau öffnet den Geist und die Seele, macht sie weit und aufnahmebereit. Es vermittelt uns das Gefühl von unendlicher Freiheit und schenkt uns Inspiration und Kreativität, die von innen kommt. Edelsteine wie Türkis, Aquamarin, Topas, Lapislazuli, Opal, Saphir und Mondstein, können unterstützend getragen werden.

In der Nahrung findet man keine natürlichen hellblauen Früchte oder Gemüsesorten. Wir können aber Kräuter zu uns nehmen, die in der Farbe Hellblau blühen wie Pfefferminze, Melisse, Rosmarin oder Borretsch.

Das sechste Chakra

Das Stirnchakra oder Dritte Auge ist dunkelblau-indigo und dem Element Licht zugeordnet.

Lage:
Das Stirnchakra, welches auch als Drittes Auge bezeichnet wird, befindet sich wenige Zentimeter unterhalb der Stirn zwischen den Augenbrauen und steht in direkter Verbindung mit dem Kleinhirn und den Sinnesorganen Augen, Nase und Ohren. Ebenso wird das komplette Hormon- und Nervensystem von ihm beeinflusst. Das Dritte Auge versorgt das komplette Gesichtsfeld sowie die Nasennebenhöhlen mit Energie.
Die Hypophyse (Hirnanhangdrüse) steht in direkter Verbindung mit dem Stirnchakra.

Das Stirnchakra im Flow:
Über die Öffnung des Dritten Auges können wir Verbindungen zu geistigen Welten herstellen und uns mit unserem Höheren Selbst verbinden. Das Dritte Auge ist das Tor zum Hellsehen, Hellhören, Hellfühlen und allen anderen übersinnlichen Fähigkeiten und Wahrnehmungen einschließlich Telepathie.
Menschen, deren Stirnchakra im Fluss ist, haben in der Regel eine gute Intuition, ein gutes Gespür, im Vorhinein schon Situationen oder Ereignisse zu erahnen. Man nennt das auch den

Siebten Sinn. Mit einem gut ausgeprägten Dritten Auge entwickeln sich zum Beispiel beim Wünschen erhebliche Vorteile. Dadurch, dass leicht innere Bilder erzeugt werden können, fällt das Visualisieren leichter.

Was wir tun können, um unser Stirnchakra zu stärken:
Um das Stirnchakra zu unterstützen, können wir uns in dunkelblaue Kleidung hüllen oder dunkelblaue Tücher und Schals tragen.

Dunkelblau ist die Farbe der Beständigkeit und der Tiefe. Wenn wir beispielsweise den Nachthimmel betrachten, spüren wir, wie unser wandernder, ruheloser Geist wieder zur Entspannung kommt. In diesem Zustand sind wir dann wieder in der Lage, uns auf das Wesentliche auszurichten, um uns für neue, tiefer gehende Erkenntnisse zu öffnen und wieder Neues und Bereicherndes in unser Leben einzuladen. Edelsteine wie Lapislazuli, Saphir, Opal, blauer Turmalin, Indigolith, Aquamarin und Labradorit können unterstützend getragen werden.

Das siebte Chakra

Das Kronen- oder auch Scheitelchakra ist violett und weiß und dem Element Denken und Wissen zugeordnet.

Lage:
Das Kronenchakra liegt auf dem Schädeldach am Scheitelpunkt des Kopfes und geht direkt von unserer körperlichen Hülle in die darüberliegende Aura über. Dadurch entsteht oftmals die Meinung, dass das Kronenchakra komplett außerhalb unseres Körpers läge.
Das Mittelhirn, die Epiphyse (Zirbeldrüse) sowie der gesamten Organismus werden von diesem Chakra beeinflusst.

Das Kronenchakra im Flow:
Um das Einheitsbewusstsein und die Verbundenheit mit allem, was ist, tatsächlich spüren zu können, ist es notwendig, dass alle anderen sechs Chakren, vom Wurzelchakra bis hin zum Stirnchakra, eine stabile Basis bilden. Fatal wirkt es sich aus, wenn hypersensible Menschen das Kronenchakra zu früh aktivieren oder aktivieren lassen, bevor eine Aktivierung der anderen Chakren erreicht ist.
Kommt es aber zu einer gesunden, schrittweisen Aktivierung, und wurde vorher eine solide Chakrenbasis geschaffen, wird das Aktivieren des Kronenchakras als höchst angenehmen emp-

funden. Das Gefühl, eins zu sein mit Gott und der Welt, wieder angebunden und im Gleichklang zu sein, ist für viele der Zeitpunkt des Erwachens. Dieser Zustand ist einem Schwebezustand gleichzusetzen, man spürt die Glückseligkeit, verschmolzen zu sein mit allem, was ist, und man fühlt, dass man sein höchstes Ziel erreicht hat. Alles ist vollkommen.

Was wir tun können, um unser Kronenchakra zu stärken:
Um das Kronenchakra zu unterstützen, können wir uns in violette und/oder weiße Kleidung hüllen oder violette und/oder weiße Tücher und Schals tragen. Wir sollten uns so oft wie möglich im Sonnenlicht und in der freien Natur aufhalten.

Violett besitzt eine stark transformierende Wirkung. Es kann alle leidvollen Erfahrungen, Traumata und schmerzhaften Lernprozesse in spirituelles Wachstum umwandeln. Durch Transformation sind wir in der Lage, einen übergeordneten Sinn hinter allem Leid zu erkennen. Die Eigenschwingungen der violetten Farbe öffnen uns für bislang verschlossene Dimensionen des Lebens. Wir sind in der Lage zu vergeben. Dadurch werden in uns Hilfs- und Hingabebereitschaft für andere Menschen bis hin zur bedingungslosen Liebe geweckt. Wir empfinden ein tiefes Gefühl des Eins-Seins mit allem. Edelsteine wie Amethyst, Fluorit, violetter Saphir und Sugilith können unterstützend getragen werden.
Physikalisch gesehen ist Weiß die Summe aller Farben. Weiß ist in der Lage, die Strahlen des Lichts ungebrochen zu reflektie-

ren. Es symbolisiert Reinheit, Jungfräulichkeit, Unsterblichkeit, Unendlichkeit und absolute Vollkommenheit. Dadurch, dass Weiß die Summe aller Farben ist, ist es in der Lage, uns durch diese Vielfalt zu einem übergeordneten Ganzen zu vereinen. Edelsteine wie Kristalle, Diamant, Bergkristall und Opal können unterstützend getragen werden.
Auch unsere Nahrung sollte Violett beinhalten, wie zum Beispiel Pflaumen, blaue Weintrauben, Auberginen, Rotkohl usw.
Die violette Farbe zügelt den Appetit und fördert Ruhe und Ausgeglichenheit.

Einen kostenlosen Chakrentest, wie weit deine Chakren geöffnet sind, kannst du auf folgender Seite machen:

http://www.kirabreuer.de/Chakren0.html

METATRON

MICHAEL

CHAMUEL

RAPHAEL

GABRIEL

JOPHIEL

URIEL

ZADKIEL

HANIEL

Engel, unsere täglichen Begleiter

Das Wort »Engel« leitet sich von dem griechischen Wort »ángelos« ab, was soviel bedeutet wie »Bote«. Engel sind demnach Himmelsboten Gottes. Jeder Engel für sich ist ein in Liebe geborener Aspekt Gottes. Engel sind feinstoffliche Lichtwesen, und ihre Liebe ist grenzen- und bedingungslos. Da Gott uns mit einem freien Willen ausgestattet hat, dürfen Engel von sich aus keinen Kontakt mit uns aufnehmen. Nur der Schutzengel darf, wie schon so manch einer von uns erfahren hat, in gefährlichen Situationen helfend eingreifen.

Eine der Aufgaben der Engel ist es, zwischen uns und Gott eine Verbindung herzustellen und als Mittler zu dienen.
Erzengel, die »Fürsten Gottes«, sind in der Hierarchie der Engel die, die Gott am nächsten sind und ihm seit Anbeginn unserer Zeit dienen. In der Rangfolge sind Erzengel anderen Engeln übergeordnet und leiten andere Engelscharen an, den göttlichen Plan zu erfüllen. Jeder Erzengel für sich hat spezielle Aufgaben und unterschiedliche Energien.

Um zu erkennen, woher wir kommen und wer wir wirklich sind und vor allem welchen Sinn unser Leben hat, helfen uns die Erzengel, zu unserem wahren Ursprung und Wesenskern zurückzufinden. Sie helfen uns dabei, unsere Fähigkeiten und Talente zu entdecken und auszuleben, und zeigen uns auf, welche Blockaden uns am Weitergehen unseres Weges hindern.

Sobald wir den Kontakt zu den Engeln aufnehmen, spüren wir ihre Anwesenheit. Auf vielfältige Art geben sie sich uns zu erkennen – sei es durch ein sanftes Kribbeln im ganzen Körper, oder indem man ihre unendliche Liebe oder andere Emotionen wie tiefe Ergriffenheit und Glücksgefühle spürt. All dies können Zeichen dafür sein, dass sie da sind. Also wundere dich nicht, wenn dich ein Glücksgefühl durchströmt oder du zu Tränen gerührt bist. Anfangs müssen wir noch ein wenig üben, um die Zeichen der Engel richtig zu erkennen. Habe Geduld mit dir, mit der Zeit kannst du die Zeichen der Engel voneinander unterscheiden.

So können wir Kontakt zu den Erzengeln aufnehmen:

Jeder Erzengel steht für eine andere Aufgabe. Diese Aufgaben sollten wir kennen, um zu wissen, welchen Erzengel wir rufen möchten. Es gibt viele Möglichkeiten, mit Engeln in Kontakt zu treten. Man kann sich eine Kerze anzünden, sanfte, beruhigende Musik hören oder Engelkarten zu Hilfe nehmen. Man sollte sich wohlfühlen, langsam den Alltagsstress ablegen und zur Ruhe kommen. Als Erstes suchen wir uns ein stilles Plätzchen und machen es uns gemütlich. Wir schließen unsere Augen und konzentrieren uns auf unsere Atmung. Dabei atmen wir tief in unseren Unterbauch hinein und wieder aus. Unseren Atem können die Engel als Verbindungsbrücke nutzen, wodurch wir schneller mit ihnen in Kontakt kommen. Unsere Füße stehen mit der gesamten Fußfläche auf dem Fußboden. Um uns zu erden, stellen wir uns kleine Würzelchen vor, die aus unseren Fußsohlen heraus- und in den Boden hineinwachsen und uns mit der Erde verbinden. Wir spüren nach einiger Zeit, dass wir unseren speziellen Engel rufen können.

»Lieber Erzengel … ich bitte dich um Hilfe für …«
Wir können auch für jemand anderen einen Engel rufen.
Wenn wir unsere Bitte geäußert haben, die laut oder auch leise in Gedanken ausgedrückt werden kann, bedanken wir uns bei unserem Engel und öffnen langsam wieder unsere Augen.

Zu den bekanntesten Erzengeln gehören Metatron, Michael, Chamuel, Raphael, Gabriel, Jophiel, Uriel, Zadkiel und Haniel. Sie sind fast überall auf unserer Erde bekannt und kommen in den unterschiedlichsten Lehren und Religionen vor.

Metatron

Bedeutung:
Bedeutet so viel wie »Der König der Engel«.

Seine Aufgaben:
Er gilt als König aller Engel und kennt unseren göttlichen Seelenplan. Somit können wir ihn um Hilfe bitten, wenn wir Momente im Leben haben, in denen wir die Richtung verloren haben oder vor einem neuen Lebensweg stehen und uns nicht entscheiden können. Er ist der Hüter unseres Kronen- und Herzchakras. Erzengel Metatron erscheint uns vor allem in weißem, perlmuttfarbenem bis goldenem Licht. In der Meditation kannst du dem gehüteten göttlichen Licht begegnen. Es erhellt deine in dir schlummernden Schattenseiten und bringt im Verborgenen liegende Wesenszüge sowie alte Gedanken- und Verhaltensmuster in dein Bewusstsein. Sie werden dadurch sichtbar, und du bist in der Lage, sie zu bearbeiten. Wenn du in Situationen steckst, aus denen du keinen Ausweg siehst, kann dir das göttliche Licht dabei helfen, zu erkennen, welche Energieblockaden dich daran hindern, eine Lösung deiner Probleme zu finden. Alle Schatten müssen vorher in dein Bewusstsein gelangen. Bevor du

nicht die Ursachen deiner Blockade erkennst, lassen die Engel keine Erlösung zu, damit du keine alten Muster auf deine Zukunft projizierst. Bitte deine Engel, dir das Licht der Klarheit und Erkenntnis zu zeigen. Du wirst ihre Liebe spüren, sie ist überwältigend. Öffne dich, und empfange sie.

Bitte:
Lieber Erzengel Metatron, bitte erhelle meine Seele, und trage meine schlummernden Schattenanteile in mein Bewusstsein. Bitte hilf mir, mich von allem Alten, was mein Wesen belastet, zu lösen. Erfülle mich mit deinem reinen weißgoldenen Licht, damit ich einen klaren Geist bekommen, zu neuen Erkenntnissen gelangen und deine Liebe und die Liebe aller Engel empfangen kann.

Ich danke dir von Herzen. Danke.

Erzengel Michael

Bedeutung:
Bedeutet soviel wie »Er ist wie Gott«.

Seine Aufgaben:
Michael steht für Wahrheit, Aufrichtigkeit und Gerechtigkeit. Er wird immer für die wahre Gerechtigkeit stehen, nicht für die, die wir lediglich als solche empfinden, oder für das, was wir für gerecht halten.
Er ist Helfer und Beschützer Gottes, Hüter des Lichts und unseres Stirn- und Nabelchakras.
Erzengel Michael zeigt sich zumeist im dunkelblauen Farbspektrum, mit flammendem blauen oder brennendem roten Schwert.
Er gibt uns Mut, uns allen Lebenssituationen zu stellen, auch wenn sie noch so unüberwindlich erscheinen. Wenn wir uns zum Beispiel von karmischen Schnüren befreien möchten, ist Michael der Engel, der diese ätherischen Schnüre durchtrennt. Außerdem schützt er unseren Körper, unseren Geist und unsere Seele. Viele Menschen haben schon Wunder erlebt, nachdem sie ihn gerufen haben. Seine Energien sind von außerordentlicher Klarheit und Kraft. Gleichzeitig gibt er uns aber auch das Gefühl, beschützt und geborgen zu sein. Erzengel Michael weist uns den

Weg zurück zu Gott, zu unserem göttlichen Ursprung, denn er ist Hüter der göttlichen Ordnung. Er hilft uns, kompromisslos unserer Wahrheit zu folgen, unsere wahre Natur zu finden und dieser treu zu bleiben.

Bitte:
Lieber Erzengel Michael, bitte hilf mir, Gottes Wahrheit zu finden, damit ich aufrichtig durch das Leben gehen kann. Schenke mir den Mut, diese Lebenssituation gut durchzustehen und mir selbst treu zu bleiben. Erfülle mich mit deiner blauen Flamme des Schutzes, und bewahre und beschütze mein inneres Licht.

Ich danke dir von Herzen. Danke.

Erzengel Chamuel

Bedeutung:
Bedeutet soviel wie »Der Gott sieht«.

Seine Aufgaben:
Chamuel bringt uns den Aspekt der Nächstenliebe näher und steht für bedingungslose Liebe. Er ist Hüter der Partnerschaft, der zwischenmenschlichen Beziehungen und unseres Nabelchakras.
Erzengel Chamuel erscheint uns zumeist orangefarben oder rosa, oft geschmückt mit goldenen Strahlen und Punkten. Mit seiner Führung können wir das Leben bewusst und intensiv erfahren und alle Begrenzungen einfach loslassen. Er nimmt uns den Schleier der Unklarheit von den Augen. Er lindert unsere Sorgen und hilft uns, uns selbst zu lieben, damit wir auch andere Menschen lieben können. Wenn wir hartherzig geworden sind, hoffnungslos oder deprimiert, hilft er uns, zu verzeihen. Bei Beziehungsproblemen jeglicher Art zeigt er uns neue Wege auf. Er ist Trostspender und der Engel der Wiedergutmachung.

Bitte:
Lieber Erzengel Chamuel, bitte erfülle mein Herz mit deiner reinen, bedingungslosen Liebe. Umhülle mich mit deinem sanften orangefarbenen Licht. Hilf mir, mich selbst und andere Menschen zu lieben und zu achten. Lindere bitte meinen Herzschmerz, und entferne alle negativen Energien aus meinem Herzen, damit wieder Platz für Licht und Liebe ist.

Ich danke dir von Herzen. Danke.

Erzengel Raphael

Bedeutung:
Bedeutet soviel wie
»Die Heilkraft Gottes«.

Seine Aufgaben:
Er ist der Erzengel, der für die Ganzheit und Einheit unseres Lebens steht und somit für Heilung auf allen Ebenen – sowohl seelisch als auch körperlich. Er hilft uns dabei, dass wir uns wieder als Wesen eines übergeordneten großen Ganzen erkennen, und ist Hüter unseres Herzchakras.
Erzengel Raphael erscheint uns in allen Schattierungen von Grüntönen, manchmal auch mit silberrosa Fäden durchzogen, fein wie Gespinste. Er ist Hüter der göttlichen Heilung und Führer aller göttlichen Heilungsengel. Er unterstützt alle Behandlungsformen, sei es die schulmedizinische oder die alternative Therapie und wirkt förderlich bei seelischer und körperlicher Heilung. Das eigentliche göttliche Ziel eines jeden Lebens ist die vollkommene Heilung auf allen Ebenen unseres Seins. Deine innere Einstellung, dein Glauben, deine Kraft und dein Wille beeinflussen die Art und die Frequenz deiner Heilungsenergie. Sobald du die geistige Dimension und die Lernaufgaben dahinter

erkannt hast und bereit bist, deine Verhaltensstruktur zu ändern, geben dir Erzengel Raphael und seine Heilungsengel die Energie für die vollkommene göttliche Heilung auf allen Ebenen deines SEINS.

Bitte:
Lieber Erzengel Raphael, erfülle mein Herz und meinen gesamten Körper mit deiner wohltuenden grünen Heilenergie, umhülle mich sanft mit deinem grünen Mantel der Heilung. Heile all meine alten Wunden und Verletzungen sowohl auf seelischer als auch auf körperlicher Ebene, damit mein Geist und mein Körper in ihrer Gesamtheit wieder heil werden können.

Ich danke dir von Herzen. Danke.

Erzengel Gabriel

Bedeutung:
Bedeutet soviel wie »Die Kraft, Energie und Stärke Gottes«.

Seine Aufgaben:
Er ist der Engel der Reinigung, Vision, Verkündigung und Inspiration. Er hilft uns, unsere wahre Berufung und Lebensaufgabe zu finden, zum Beispiel bei privaten sowie auch bei beruflichen Entscheidungen und allen Arten von Neuanfängen. Er ist Hüter unseres Halschakras. Erzengel Gabriel erscheint uns in himmelblauen oder silberbläulichen Farbtönen. Wenn wir nach dem Sinn des Lebens fragen, zeigt er uns neue Wege auf, damit wir unserer göttlichen Bestimmung folgen können. Wenn wir in schwierigen und verworrenen Lebenssituationen Klarheit brauchen, ist Gabriel gerne unser Begleiter und Berater. Dieser Engel hilft auch bei der Reinigung, zum Beispiel wenn unser Körper verschlackt ist, oder wenn wir spüren, dass unsere Wohnung oder unser Arbeitsplatz mit negativer Energie verschmutzt sind. Erzengel Gabriel ist der Führer aller Engel der Erlösung, der Freiheit, der Leichtigkeit, der Kreativität, des Annehmens und des Loslassens. Göttliche

Energie ist die unendliche Liebe, die grenzenlose Freiheit bedingt und schenkt. Unsere Blockaden, Verhaltensmuster und Sorgen verhindern diesen unendlichen Strom der göttlichen Liebe. Wenn wir in negative Gedanken, Gefühle und destruktive Energien verstrickt sind, wartet Erzengel Gabriel darauf, uns befreien zu dürfen.

Bitte:
Lieber Erzengel Gabriel, bitte begleite mich, stärke mich auf meinem Seelenpfad, und erfülle mein ganzes Sein mit der Klarheit und Kraft deines himmelblauen Lichtes. Befreie mich und meinen Geist von alten Schlacken und unreinen Gedanken, damit ich den Sinn meines Lebens erkennen kann. Bitte hilf mir durch diese neue Zeit der Umkehr und des Wandels.

Ich danke dir von Herzen. Danke.

Erzengel Jophiel

Bedeutung:
Bedeutet soviel wie »Die Weisheit und Schönheit Gottes«.

Seine Aufgaben:
Er ist der Erzengel der Erleuchtung, der Weisheit, der Inspiration, der Freude und der Beständigkeit. Wir können ihn rufen, wenn unsere Seele schläft und aufgeweckt werden muss, damit wir unsere ersten Schritte auf dem spirituellen Weg gehen können. Er ist der Hüter des Solarplexus. Erzengel Jophiel erscheint uns zumeist in der Farbe Gelb und kann uns helfen, unsere Seele zu ihrem vollen Aufblühen zu bringen. Er hilft uns auch, wenn wir eine Verbindung mit unserem Höheren Selbst erlangen möchten, um uns selbst und andere besser verstehen zu können. Jophiel erscheint einem, wenn man nach Antworten auf wichtige Lebensfragen sucht, oder wenn man etwa vor einer Prüfung steht und geistige Klarheit oder eine blitzartige Erleuchtung braucht. Er unterstützt uns bei jeglicher Art von geistiger Starre, auch bei Lernschwierigkeiten, oder wenn die Freude und das Lachen in unserem Leben fehlen und wir das Gefühl haben, unser inneres Licht verloren zu haben.

Viele Menschen haben Probleme mit der dunklen Jahreszeit. Sie haben das Gefühl, dass in ihrem Leben die Sonne nicht mehr scheint. Dann rufen sie Erzengel Jophiel, und ihre Seele und ihr Geist füllen sich wieder mit strahlendem Licht. Sie blühen auf und spüren wieder die Leichtigkeit des Seins.

Bitte:

Lieber Erzengel Jophiel, bitte hilf mir, Antworten auf all meine Lebensfragen zu finden. Erfülle meinen Körper, meinen Geist und meine Seele mit deinem sonnengelben, inspirierenden und wärmenden Licht. Hilf mir, die Unbeschwertheit, die Freude und das Lachen in meinen Tag zu holen und mich für die Weisheit und einen neuen spirituellen Weg zu öffnen.

Ich danke dir von Herzen. Danke.

Erzengel Uriel

Bedeutung:
Bedeutet soviel wie »Das Licht und das Feuer Gottes«.

Seine Aufgaben:
Er ist der Erzengel des Friedens und der Ruhe, des Gebens und Empfangens, des Dienens und der Hingabe. Er beeinflusst das Nabelchakra, auch Sonnengeflecht oder Solarplexus genannt, wo sich eine Menge Verspannungen und Unwohlsein ansammeln. Erzengel Uriel erscheint uns zumeist im goldenen, purpurnen Farbspektrum und hilft uns, wieder ein göttliches Licht in unserem Herzen zu entzünden, um dieses in die Welt zu tragen. Er steht uns zur Seite, wenn wir keinen inneren Frieden finden oder wenn wir in Aufruhr sind und selten zur Ruhe kommen können, wenn wir ständig und ruhelos auf der Suche nach irgendetwas sind, aber das Gefühl haben, nie wirklich zu finden, was wir suchen, weil wir orientierungslos sind. Bei allen Erschöpfungszuständen, Ängsten und großer Furcht bringt er uns den ersehnten göttlichen Frieden, und wir können es wieder genießen, uns ein paar ruhige Stunden zu gönnen. Bald sind wir in der Lage, unserem göttlichen Auftrag und unserem ursprüng-

lichen Wesen wieder zu folgen, und spüren die Hingabe des Erzengels, uns zu helfen.

Bitte:
Lieber Erzengel Uriel, bitte hilf mir, meinen inneren Frieden wiederzufinden. Befreie mich von allen Ängsten, meiner Furcht und meinem Unwohlsein. Erfülle mich mit deinem purpurnen, göttlichen, friedenbringenden Licht. Auch bitte ich dich, so wie du mir den Frieden schenkst, der Welt ihren Frieden zu bringen.

Ich danke dir von Herzen. Danke.

Erzengel Zadkiel

Bedeutung:
Bedeutet soviel wie »Die Gnade Gottes«.

Seine Aufgaben:
Er ist der Erzengel der Vergebung, der Toleranz und der göttlichen Gnade. Er steht für jegliche Umwandlung negativer Energien und erscheint uns zumeist in der Farbe Violett. Alle karmischen Schnüre und Verstrickungen, die Erzengel Michael mit seinem Schwert von uns getrennt hat, können von Erzengel Zadkiel gewandelt und transformiert werden. Erzengel Zadkiel können wir bitten, uns bei unserer Vergebungsarbeit zu unterstützen, genau wie auch Erzengel Haniel. Vergebung weckt große Heilkräfte in uns. Ohne Vergebung staut sich immer mehr grobstoffliche negative Energie an. Sie drückt sich oftmals in Wut, Aggressionen, Hass und Schuldgefühlen aus und macht uns krank. Auch wenn wir uns und anderen nicht vergeben können, wenn wir anderen gegenüber Verbitterung oder Groll empfinden, wenn wir intolerant sind oder nicht taktvoll mit unserem Gegenüber umgehen, dann rufen wir Erzengel Zadkiel. Er arbeitet mit sehr hochfrequenter

feinschwingender Energie. Diese Energie ist manchen von uns bekannt als »violette Flamme«.

Bitte:
Lieber Erzengel Zadkiel, bitte hilf mir bei meiner Vergebungsarbeit, hilf mir zuerst, mir selbst zu vergeben, damit ich auch meinem Gegenüber vergeben kann. Erfülle mich ganz und gar mit deiner violetten Flamme, sodass sich jedes Gefühl von Verbitterung, Wut, Hass und Groll auflösen und in Liebe wandeln kann.

Ich danke dir von Herzen. Danke.

Erzengel Haniel

Bedeutung:
Bedeutet so viel wie
»Die Herrlichkeit der Gnade Gottes«.

Seine Aufgaben:
Er ist der Erzengel, der uns mit seiner allumfassenden Liebe, Sanftheit und Zärtlichkeit auffängt, wenn unsere Seele geschunden ist oder wir einen Schicksalsschlag erlitten haben. Er ist der Hüter der Verständigung, der Kommunikation und des Herzchakras. Erzengel Haniel schenkt uns Kraft und Energie, damit wir wieder zu einer neuen Weitsicht gelangen. Er erscheint uns in allen zarten bis kräftigen rosa Farben. Er schenkt uns Mut und Zuversicht und weist uns den Weg, die unendliche Schönheit der Schöpfung zu erkennen und respektvoll mit allen Lebewesen umzugehen. Erst wenn wir unsere Seele öffnen, erfahren wir, dass die reine, göttliche, vollkommene Liebe unendlich ist. Sie ist die allumfassende Erfüllung aller kosmischen Gesetze. Gott ist reine bedingungslose Liebe. Erst wenn wir anfangen, uns selbst zu lieben, lernen, liebevoll mit uns umzugehen, sind wir in der Lage, auch unseren Nächsten

uneingeschränkt zu lieben und anzunehmen. Dann erst können wir bedingungslose Liebe leben.

Bitte:
Lieber Erzengel Haniel, bitte hilf mir, den Glauben an die Herrlichkeit der Gnade Gottes wieder neu zu entdecken. Schenke mir die Kraft und die Energie, den Mut und die Zuversicht, einen neuen Weg zu gehen, den Weg zur vollkommenen, bedingungslosen Liebe. Erfülle mich hier und jetzt mit deinem sanftem Licht der unendlichen Liebe und Zartheit, damit ich die Liebe zu mir und allen anderen Lebewesen leben kann.

Ich danke dir von Herzen. Danke.

Wissenswertes zum Angel*Light*Key

Engeleinweihung

Es gibt eine Möglichkeit, mit der du schneller mit allen Lichtwesen, Erzengeln und Engeln in Kontakt kommen kannst. Hierbei handelt es sich um die Engeleinweihung, in der du den sogenannten Angel*Light*Key (einen Lichtschlüssel) erhältst, der dir nach der Weihe ermöglicht, die Tür zur Engelwelt zu öffnen.

Was ist eine Engeleinweihung, und wie funktioniert sie?

Die Engeleinweihung ist die Einweihung in die Energien aller Lichtwesen, die uns wohlgesonnen sind. Die Weihe erfolgt über eine rotierende weiße Lichtsäule. Sobald die Erzengel eintreffen, füllt sich die Lichtsäule mit den Farbstrahlen der Erzengel und spiegelt die Auren der Engel und die Chakren des Menschen wider. Zum Zeitpunkt der Weihe wird der Einzuweihende mit den Energien aller Lichtwesen, wie die der Erzengel, der Engel, der Feen, der Elfen, der Geistführer, der Geistwesen und der Geisttiere, verbunden. Die Lichtsäule fungiert nach der Weihe als eine Art Verbindungsstrahl, den man jederzeit nutzen kann, um in eine rasche Verbindung mit den Engeln zu treten. Aber auch die Engel erhalten die Möglichkeit, über die Lichtsäule schneller mit uns in Kontakt zu treten, wenn wir sie rufen. Dadurch öffnen wir auch für sie den Weg zu uns und machen es ihnen leichter, uns zu erreichen. Man könnte auch sagen, dass die Lichtsäule als Verbindungsstrahl funktioniert wie eine Standleitung. Man kommt schneller mit den Lichtwesen in Kontakt und kann die Verbindung zu ihnen auch über einen längeren Zeitpunkt halten.

Zu welchen Engeln bekommt man den Zugang, und in welche Engel wird man eingeweiht?

Wie schon erwähnt, enthält die Lichtsäule nach Eintreffen aller Erzengel alle Farbspektren. Weil jeder Engel und alle Erzengel auf verschiedenen Farbstrahlen erscheinen, bekommt der Einzuweihende nach seiner Weihe Zugang zu allen Engeln und Engelhierarchien. Den Erzengeln sind bestimmte Farben zugeordnet. So ist zum Beispiel Erzengel Raphael die Farbe Grün zugeordnet. Über die Lichtsäule ist es möglich, zu allen Engeln Kontakt aufzunehmen oder aber zu einem bestimmten Engel oder Erzengel, wenn er für eine bestimmte Lebenssituation um Hilfe gebeten werden soll. Auf Wunsch des Einzuweihenden kann man auch einen bestimmten Engel oder mehrere bestimmte Engel zur Weihe einladen, wodurch man die Möglichkeit bekommt, von einer besonders intensiven Energie des Wunschengels eingeweiht zu werden, die auch nach der Weihe erhalten bleibt.

Wozu benötigt man eine Engeleinweihung?

Häufige Fragen zur Engeleinweihung sind: Welchen Unterschied macht es, ob ich in die Engel eingeweiht bin oder nicht? Sind Engel nicht immer um uns herum und auch ohne Engeleinweihung immer für uns da?
Ja, Engel sind immer für uns da und um uns herum. Jeder von uns hat einen Schutzengel, der in Notsituationen eingreifen darf, wenn unser göttlicher Lebensplan noch nicht erfüllt ist. Engel wachen über uns und warten darauf, uns zu Hilfe zu eilen, wenn wir sie rufen. Sie freuen sich geradezu darüber, uns helfen zu dürfen. Jedoch dürfen sie nicht eigenmächtig in unser Leben eingreifen. So war es immer, und so wird es immer sein. Nur mit der Engeleinweihung verbessern sich alle Kommunikationswege und –möglichkeiten. Sie macht die Zusammenarbeit um ein Vielfaches leichter – auf beiden Seiten. Wie bereits erwähnt, ist der Vergleich mit einer Standleitung anschaulich: Nach der Weihe erfolgt die Kommunikation störungsfreier, klarer und schneller. Wenn wir etwa einen bestimmten Engel um Rat fragen, haben wir es leichter, mit dem Engel in Kontakt zu treten. Falls der Engel einen längeren Zeitraum mit uns oder an uns arbeiten muss, ist es auch für den Engel leichter, die Verbindung/Standleitung zu halten.

Wie kann ich nach meiner Engeleinweihung mit den Engeln in Kontakt treten?

Es gibt viele Möglichkeiten. Engel sind wunderbare Lichtwesen und Helfer in vielen Situationen des Lebens. Man kann sie jederzeit rufen, wenn man traurig ist oder nicht mehr weiterweiß. Sie freuen sich aber auch über eine Einladung, den Tag mit uns zu verbringen, an unserer Freude teilhaben zu dürfen. Über kleine Geschenke freuen sie sich auch, zum Beispiel über einen Blumenstrauß, mit dem man seine Wohnung verschönert und über den man sagt: »Schau, mein lieber Schutzengel, den habe ich für dich hingestellt.« Sie erfreuen sich an schönen Dingen genauso wie wir Menschen. Es ist leicht, einen Engel zu rufen. Ich begebe mich meist in einen ruhigen Raum, zünde ein paar Kerzen an, lege leise Entspannungsmusik auf und versuche, mich auf meinen Körper zu konzentrieren. Ich atme ganz tief ein und aus, spüre die Ruhe und Gelassenheit in mir und rufe den jeweiligen Engel drei Mal. Jeder spürt diese wunderbaren Lichtwesen anders. Der eine spürt ein sanftes, angenehmes Kribbeln in seinem Körper, der andere spürt unendliche Liebe. All dies sind Zeichen, dass die Engel da sind. Es kann auch passieren, dass uns ein Glücksgefühl durchströmt und wir zu Tränen gerührt sind. Jeder Engel hat eine spezielle Aufgabe, und es gibt eine Hierarchie. Ihr könnt einen Engel rufen und nach seinem Namen fragen, oftmals gibt er ihn preis. Zwar nicht immer sofort, aber eine Weile nachdem wir den Engel nach seinem Namen gefragt haben, fällt uns plötzlich ein Name ein. Wir denken, es wäre ein

Zufall, aber dem ist nicht so. Der Name ist die Antwort auf unsere Frage.

Oftmals fragen wir uns: »Wo war denn mein Schutzengel, als mir ein Unglück passiert ist?« Es kann vorkommen, dass sie Unfälle oder Unglücke geschehen lassen, weil genau diese den nächsten Wachstumsschritt ermöglichen. Wir selbst haben die Wahl, ob wir durch Leid oder auf angenehme Weise lernen wollen. Wir müssen unseren Engel nur bitten. Engel kommen immer in Liebe. Alle Energien, die von Engeln ausgehen, sind reine Liebe.

Was sollte man vor einer Weihe beachten?

Es spielt keine Rolle, ob du über die Ferne oder direkt eingeweiht wirst. Es bietet sich an, etwa eine halbe Stunde vor der Weihe in die Stille zu gehen oder zu meditieren, um sich optimal vorzubereiten.

Benötigt man irgendeine Voraussetzung oder Vorbildung für die Engeleinweihung?

Jeder ist in der Lage, die Engeleinweihung zu empfangen. Wichtig ist einzig und allein, offen für Neues zu sein und offen dafür zu sein, mit Engeln zu arbeiten. Mit der Engeleinweihung erhältst du auch den Meister-/Lehrer-Grad. Das heißt, du bist nach deiner Weihe in der Lage, die Weihe an andere weiterzugeben. Wenn du denkst, die Engeleinweihung sei auch etwas für dich, dann wirst du entweder den zu dir passenden Lehrer in dein Leben ziehen oder du machst dich aktiv auf die Suche nach ihm. Ich bin mir sicher, dass du dich von den Engeln leiten lässt.

Jede Annährung an die Engel verändert unser Leben positiv und mannigfaltig, weil wir die Möglichkeit erhalten, jederzeit die Engel um Hilfe zu bitten. Probiere es selbst aus, du wirst staunen. Die Engel warten schon ungeduldig, endlich etwas für dich tun zu können und dir zu helfen.

Gott

Der einfache Weg zu Gott

Wenn wir Gott begegnen mit reinem Herzen,
in dem das Licht und die Liebe wohnen,
können wir voller Zuversicht und Vertrauen
auf kleine und große Wunder hoffen.
Sobald wir Gottes Nähe suchen und finden,
schöpfen wir aus einer nie versiegenden
göttlichen Quelle an bedingungsloser Liebe.

Mit Gottes Hilfe durch stürmische Zeiten

Schon längst hat ein großer Umwälzungsprozess und Umbruch unserer Erde begonnen. Man spürt überall, wie sich der Wandel vollzieht. Viele von uns spüren eine innere Zerissenheit, ein regelrechtes Chaos in sich, und keiner weiß so recht, wo uns diese Unordnung von gesellschaftlichem, finanziellem und sozialem Wandel hinführt. Man spürt aber auch, dass die Menschen allmählich erwachen. Natürlich benötigt dieser Wandel Zeit, aber die Anfänge sind schon längst überschritten, und wer mit offenen Augen durchs Leben geht, hat diesen Wandel auch schon bemerkt. In dieser stürmischen Zeit ist es wichtig, seine innere Mitte zu finden oder aber sie auch neu zu entdecken. Somit ist eine Reise zu sich selbst unabdingbar. Wir streben nach Sicherheit, Geborgenheit und Liebe, fühlen uns aber oftmals in diesen stürmischen Zeiten wie ein ruderloses

Boot auf stürmischer See. In uns verstärkt sich immer mehr der Wunsch nach Stille, und wir nehmen auf der Entdeckungsreise zu uns selbst schnell wahr, dass wir aus der Stille neue Energien schöpfen können. Wir spüren tief in unserem Inneren, dass wir niemals getrennt waren von unserem göttlichen Ursprung, und sind zutiefst bewegt, wenn wir die Einheit mit allem, was ist, erkennen. Just in diesem Moment keimt auch die Frage nach Gott immer mehr in uns auf, und der Wunsch, Gott wieder näher zu sein bzw. Gott zu spüren, wieder eine Verbindung zu ihm herzustellen, wird immer stärker. Für viele Menschen ist Gott in ihrer Vorstellung nicht greifbar, da man von Kindesbeinen an gelernt hat, dass Gott straft und dass man ehrfürchtig sein muss, wenn man ihm begegnen möchte.

Dass Gott uns liebt, so wie wir sind, mit allen Fehlern und Defiziten, die wir so mit uns bringen, wissen viele schon längst, für manche ist es jedoch eine neue Erfahrung. Für mich ist Gott seit meiner Kindheit präsent. Schon früh habe ich begonnen, mit ihm zu sprechen, und in meinem bewegten Leben war er mir immer eine große Kraftquelle, wodurch ich mich behütet und beschützt fühlte. Aus meiner Erfahrung gibt es einige Fragen zu Gott, und um dir Gott wieder näherzubringen, versuche ich aus meiner Sicht, die aus einer innigen, lebendigen Verbundenheit mit Gott entstanden ist, zu antworten.

Antworten, die dein Leben verändern können

Was ist Gott?

Gott ist der Anfang von allem, was ist. Wir waren niemals von ihm getrennt. Gott lebt in uns, in allen Lebewesen. In jeder Zelle unseres Seins lebt sein göttlicher Funke. Gott ist reine Energie. Er ist die Natur mit all ihren prächtigen Pflanzen, die uns umgibt. Er ist der Himmel in seinem strahlenden Blau sowie der Wind und die Wolken. Er ist das tiefblaue Meer mit all seinen wundervollen Farben und Geschöpfen und die schroffen Berge. Wo immer wir uns umsehen, sehen wir eine Schöpfung Gottes. Und wenn wir in den Spiegel sehen, blicken wir in die Augen Gottes, denn so hat er uns nach seinem Ebenbild erschaffen.

Wer ist Gott?

Gott ist wie jeder Einzelne sich ihn vorstellt. Für Kinder ist er der weißbärtige, gütig dreinschauende Mann auf einer weißen bauschigen Wolke. Ich glaube, diese Vorstellung kennt fast jeder aus Kindertagen. Ob wir ihn als Frau sehen oder als Mann, ob personifiziert oder ohne physische Gestalt, bleibt völlig uns selbst überlassen, denn Gott kann nur so sein, wie jeder Einzelne ihn für sich wahrnimmt und spürt. Also seid neugierig wie in Kindertagen, und findet für euch selbst heraus, wer Gott für euch ist und wie er sich euch präsentiert.

Wie ist Gott?

Gottes Liebe ist bedingungslos und entspringt einer schier nie versiegenden Quelle an Güte. Da wir alle seine Kinder sind, freut er sich über jede Art von Beziehung und Zuneigung zu uns. Wir können uns jederzeit auf ihn verlassen, er ist immer für uns da, zu jeder Tages- und Nachtzeit. Wir können ihm von freudigen Ereignissen erzählen, aber auch wenn es uns nicht so gut geht. Er ist immer ein geduldiger und guter Zuhörer.

Wo befindet sich Gott?

Gott ist immer um uns herum und in jedem Einzelnen von uns, auch wenn wir ihn nicht immer gleich spüren. Er ist die Luft zum Atmen und das klare Wasser, das wir trinken. Er ist auch in jeder einzelnen unserer Tränen, ob sie aus Freude oder Trauer vergossen werden. Doch am meisten können wir ihn in unserem Herzen spüren. Sobald wir unser Ego zur Seite schieben und unser Bewusstsein auf unser Herz richten, spüren wir die Nähe Gottes. Wir spüren die Wärme, die Liebe und die tiefe Verbundenheit. In diesem Moment verschmelzen wir mit allem, was ist.

Wie kann ich mit Gott in Kontakt treten?

Wenn du beginnst, mit Gott in Kontakt zu treten, rate ich dir, zur Ruhe zu kommen, dir ein ruhiges Plätzchen zu suchen, um dich ganz bewusst auf ein Gespräch mit Gott einzulassen. Schließe die Augen, und konzentriere dich auf deine Atmung. Sobald du in der Stille angekommen bist und tiefe Ruhe in dir spürst, kannst du Gott eine Frage stellen. Ich bin sicher, dass er antworten wird. Nach einer gewissen Zeit der Übung fällt es dir immer leichter, mit Gott in Kontakt zu treten. Bei mir zum Beispiel ist es so, dass ich ihn in meinen gesamten Tag einbinde und mich immer wieder in Zwiegesprächen mit ihm wiederfinde. Wie bei vielen anderen Dingen gilt auch hier: Übung macht den Meister.

Wie erkenne ich, dass Gott zu mir spricht?

Einigen von uns ist es schon passiert, dass sie eine innere Stimme hören. Oftmals wissen wir nicht, woher diese Stimme kommt. Wenn wir ihr aber genauer zuhören, können wir feststellen, dass diese Stimme nicht in der Ich-Form zu uns spricht, sondern so klingt, als ob ein guter Freund das Wort an uns richten würde. Gottes Stimme hat viele Facetten. Sie kann gütig sein, aber auch energisch. Eines spüren wir aber immer: die unendliche Güte und die bedingungslose Liebe, die uns sofort umgeben und erfüllen.

Vergibt uns Gott, auch wenn wir nicht immer Gutes getan haben?

Gott straft nicht, und er urteilt auch nicht, er liebt uns bedingungslos und nimmt uns so an, wie wir sind, ohne Wenn und Aber. Weil Gott uns mit einem freien Willen ausgestattet hat, akzeptiert er unsere Lebenswege und Verhaltensweisen, auch wenn sie in unseren Augen nicht immer Gutes mit sich bringen. Da er uns so liebt, wie wir sind, hat er uns schon in dem Moment vergeben, in dem wir glauben, Schlechtes zu tun. Wichtiger für uns ist, dass wir uns selbst vergeben, denn Vergebung ist eine große Heilerin.

Können wir Gott um Hilfe bitten?

Wir können Gott, wann immer wir das Bedürfnis dazu haben, um Hilfe bitten. In der Bitte um Hilfe ist es ratsam, loszulassen und es fließen zu lassen. Je mehr wir uns von unseren Erwartungen und verkrusteten Gedanken lösen können, desto schneller kann uns geholfen werden. Je tiefer wir vertrauen, dass alles, was uns gerade widerfährt, zum jetzigen Zeitpunkt seine Berechtigung hat, desto schneller kann uns geholfen werden.

Wo ist Gott, wenn etwas Schreckliches passiert?

Da Gott uns mit einem freien Willen ausgestattet hat, greift er nicht in Geschehen ein, auch nicht, wenn es auf uns noch so schrecklich wirkt. Wir allein sind in der Lage, Dinge zu ändern und zu steuern. Wer die Welt mit den Augen der Liebe betrachtet, sein Licht sichtbar in die Welt trägt und in seinem kleinen Umfeld für Frieden sorgt, der ist maßgeblich an der Veränderung der Welt beteiligt.
Wenn nur ein kleiner Teil der Menschheit in sich selbst Frieden findet, spiegelt sich dieser Frieden in seinem Umfeld wieder. Das nennt man Maharishi–Effekt. Bei einer Weltbevölkerung von etwa 7 Milliarden Menschen werden somit nur etwa 9000 Menschen benötigt, um die Welt positiv zu beeinflussen. Zähle nicht auf andere, dass sie es für dich tun. Sei du der Erste, und beginne.

Liebt Gott auch die augenscheinlich schlechten Menschen?

Ja, das tut er, bedingungslos. Weil alle Menschen für Gott gleich sind und er nicht urteilt, spielt es für ihn keine Rolle, ob Menschen augenscheinlich schlecht sind oder nicht.

Kann ich Gott auch um Hilfe für andere Menschen bitten?

Natürlich können wir Gott auch für andere Menschen um Hilfe bitten. Wir sollten nur bedenken, dass uns Gott mit einem freien Willen ausgestattet hat. Wenn man nun für einen anderen Menschen um Hilfe bittet, muss dieser Mensch auch sein Herz öffnen und bereit sein, die Hilfe Gottes anzunehmen.

Muss ich mich für die Hilfe Gottes bedanken?

Bedanken muss ich mich nicht, da Gott uns immer uneigennützig und ohne Erwartung zuhört und hilft. Aber wie bei einem guten Freund ist es eine schöne Geste, wenn man Gott dankt – sei es für das Zuhören, seine Allgegenwärtigkeit, seine bedingungslose Liebe oder wenn er unserer Bitte nachgekommen ist.

Bleibe, wie du bist, denn du bist wunderbar.

Wir sind alles Gottes Kinder und brauchen uns für ihn nicht zu verbiegen oder voller Furcht nach oben zu blicken, wenn wir einmal etwas »ausgefressen« haben. Gott liebt uns so, wie wir sind, und wir brauchen ihm auch nichts zu beweisen.
Er hat uns nach seinem Ebenbild geschaffen. Das allein zeigt uns schon, dass wir vollkommen sind, und es ist naheliegend, dass

wir mit der gleichen göttlichen Schaffenskraft und Magie ausgestattet wurden, die auch er hat.

Oder glaubt tatsächlich irgendjemand, dass Gott bei unserer Erschaffung stümperhaft gearbeitet hat?

Das Wunderbarste allerdings, was Gott uns mitgegeben hat, ist der freie Wille. Dieses kostbare Geschenk gibt uns die Möglichkeit, immer wieder neu zu entscheiden. Wir können alles ändern, sobald wir es verändern wollen. Wir brauchen nur zu beginnen. Jetzt stellen wir uns einmal vor, Gott stünde nicht übermächtig über uns, sondern er säße uns gegenüber auf Augenhöhe. Dann versuchen wir einmal, mit ihm ins Gespräch zu kommen, und stellen ihm eine Frage, die uns schon lange unter den Nägeln brennt.

Was, denkst du, passiert?

Richtig, du bekommst eine Antwort. Die meisten Menschen hören eine innere Stimme, die sich eindeutig von ihrer eigenen unterscheidet. Anfangs denken wir, alles wäre Einbildung, doch nach anfänglicher Skepsis spüren wir, dass wir tatsächlich im Dialog sind. Allerdings spricht diese Stimme nie mit dir in der Ich-Form, sondern so, wie auch dein physischer Vater oder ein guter Freund mit dir sprechen würde.

Ob du nun mit Gott ein Gespräch führen möchtest oder nicht, das obliegt allein deinem Gefühl und deiner Entscheidung. Eines steht aber fest: Falls du es tust, wird dein Leben eine Wende erfahren. Du glaubst es nicht? Versuche es. Du wirst nichts verlieren, aber unsagbar viel dazugewinnen.

Du kannst nicht tiefer fallen als in Gottes Hand (EG 533).

Reiki
– eine alte Kunst

Reiki ist eine buddhistische Variante des chinesischen Qi Gong. Sie wurde 1922 von Dr. Mikao Usui, einem christlichen Mönch aus Japan, neu entdeckt.
Reiki stammt von den japanischen Worten:
»rei« (Geist, Seele) sowie
»ki« (Lebensenergie)
Manchmal wird Reiki auch als »universelle oder universale Lebensenergie« bezeichnet. Reiki ist ein komplexes System, welches die Behandlungsform und Behandlungstechnik bezeichnet, aber auch die Energie, mit der gearbeitet wird. Reiki wird grundsätzlich von einem Lehrer durch die »Reiki-Zeichen« an den Schüler weitergegeben. Die Meisterweihe ist hierbei als Lehrbefähigung zu sehen. Jeder sollte aber für sich selbst klären, wann er so weit ist, Schüler auszubilden und in der entsprechenden Form zu weihen.

Reiki kann dich nur unterstützen, wenn du bereit dazu bist.

Der Grundgedanke einer Reiki-Anwendung liegt nicht nur darin, die Selbstheilungskräfte des Körpers zu aktivieren, sodass er gesunden kann, sondern auch, vorhandene positive Talente zu verstärken und den Geist in eine ausgeglichene Resonanz zu setzen, damit der Mensch sein persönliches Glück erlangen kann. Dr. Usui hinterließ seiner Nachwelt 5 wunderbare Regeln, die uns auf unserem Lebensweg begleiten und hilfreich über kleine und große Probleme im Alltag hinweghelfen können. Natürlich gibt es davon bereits mehrere Übersetzungen, die ihrem Sinn nach sehr ähnlich sind. Wir sollten uns aber auf keinen Fall mit den Regeln unter Druck setzen und denken, dass wir sie konsequent leben müssten. Sie dienen uns lediglich als Parameter, an denen wir erkennen können, an welcher Stelle unseres Lebenswegs wir uns befinden.

Die 5 goldenen Lebensregeln des Reiki

Gerade heute	Kyo dake-wa
1. Gerade heute ärgere dich nicht.	Okoru-na
2. Gerade heute sorge dich nicht.	Shimpai suna
3. Gerade heute sei mit Dankbarkeit erfüllt.	Kanshi shite
4. Gerade heute arbeite ehrlich und hart an dir selbst.	Go hake me
5. Gerade heute sei freundlich zu allen.	Hito nishinsetsuni

Die positive Umkehrung der 5 goldenen Regeln

- Gerade heute freue ich mich und bin froh und glücklich.
- Gerade heute ist für mich gesorgt.
- Gerade heute nehme ich alles, was ich erlebe, dankbar an.
- Gerade heute arbeite ich an mir, ehrlich und liebevoll.
- Gerade heute liebe ich meinen Nächsten wie mich selbst und gehe liebevoll mit allen Lebewesen um.

Angewendet dienen die Regeln der inneren geistigen Heilung auf allen Ebenen und geben praktische Anleitungen für ein Leben in Frieden und Harmonie mit sich selbst, im Umgang mit anderen und in der Gemeinschaft.

Jeder neue Tag ist ein Geschenk und etwas sehr Kostbares. Wir können uns jeden Tag neu entscheiden, ob wir glücklich sein wollen oder weiter unserem alten Trott folgen, indem wir uns ärgern und sorgen und unehrlich gegenüber uns und anderen sind. Es liegt einzig und allein an uns selbst, welche Entscheidung wir treffen.

Dr. Usui hat diese Regeln aufgestellt, damit wir sie nutzen können wie einen roten Faden. Sie gelten als spirituelle Medizin und lassen uns reifen. Sie lassen unser natürliches Wesen wieder neu erblühen. Darum beginne HEUTE.

1. Gerade heute ärgere ich mich nicht, es wird ein Tag der Freude.

Affirmation für den heutigen Tag:

Was auch immer heute geschieht, ich nehme es an, wandle es in Liebe und lerne daraus.

Liebevolle Umsetzung:

Ich nehme mir heute vor, mich nicht zu ärgern und meine Gedanken bewusst auf Frieden und Gelassenheit zu lenken. Wenn mir jemand begegnet, der mich augenscheinlich aus der Reserve lockt oder reizt, dann halte ich inne, versuche, die Situation zu stoppen und mit Abstand zu betrachten, anstatt blind und unbewusst dieser Reaktion zu folgen und mich in einem Strudel aus Ärger, Wut und Zorn wiederzufinden. Damit die Situation nicht eskaliert, sende ich Strahlen des Lichts und der Liebe aus und versuche, friedlich und in mich ruhend zu lächeln. Um Abstand von solchen Situationen zu bekommen, dürfen wir uns auch dem disharmonischen Schwingungsfeld entziehen, um alles mit einer gesunden Distanz betrachten zu können. Meist spüren wir schon nach kurzer Zeit, wie die aufbäumenden Gewitterwolken weiterziehen.

Die Erkenntnis für diesen Tag lautet:

Wir lernen in schwierigen Situation, unsere Emotionen in den Griff zu bekommen, und können dankbar sein, so unsere Schwächen aufdecken zu können, sie sichtbar zu machen und in Liebe zu wandeln.
Wenn dein Leben dir Zitronen schenkt, mache Sorbet daraus.

2. Gerade heute sorge ich mich nicht, ich bin frei und glücklich.

Affirmation für den heutigen Tag:

Was auch immer heute geschieht, ich begehe den Tag voller Leichtigkeit und Zuversicht.

Liebevolle Umsetzung:

Ich nehme mir heute vor, mich nicht zu sorgen. Sobald ich spüre, dass ein Gefühl der Sorge in mir aufkeimt, versuche ich, meine Gedanken auf meine Stärken zu richten, und vertraue auf die Weisheit meines wahren Wesens und auf den vollkommenen, vollendeten Fluss des Lebens. Ich vertraue jetzt und immer.
Sobald wir uns Sorgen machen, ist das ein sicheres Zeichen,

dass wir dem göttlichen Lebensfluss nicht mehr vertrauen und uns vom universalen Ganzen abgeschnitten fühlen. Jede Art von Sorge ist zwecklos. Selbst wenn eine Situation für uns noch so negativ erscheint, ist dies ein weiterer Meilenstein in unserem Leben, an dem wir lernen können, zumal wir selbst Mitschöpfer unseres Lebens sind und die Situationen mit geschaffen haben, wenn auch oftmals unbewusst. Wenn wir das erkannt haben, können wir dankbar sein für die Erkenntnis und dafür, dass wir immer mehr Freiheit erlangen mit jeder gemeisterten Situation, die uns keine Sorgen mehr bereitet. Nun können wir nach vorne schauen und weitergehen auf unserem Lebensweg.

Die Erkenntnis für diesen Tag lautet:

Je eher wir erkennen, dass wir zu einem großen Ganzen gehören, und uns dem Fluss des Lebens voller Vertrauen hingeben, desto deutlicher spüren wir die Leichtigkeit des Seins. Lasse los, was dich belastet, und lebe im Hier und Jetzt.

3. Gerade heute bin ich dankbar für alles, was ist.

Affirmation für den heutigen Tag:

Was auch immer heute geschieht, ich spüre die tiefe Dankbarkeit für die kostbaren, wundervollen Geschenke des Lebens.

Liebevolle Umsetzung:

Wenn ich dankbar bin, ziehe ich fast magisch Fülle auf allen Ebenen in mein Leben mit der Gewissheit, dass ich immer das bekomme, was ich gerade benötige. Einzig der Gedanke auf den Mangel gerichtet lässt mich fühlen, dass mir etwas fehlt.
Bereits alte Lehren besagen, dass wir in Fülle leben. Es ist immer und für jeden genug da, so steht es bereits in der Bibel:

Euch geschehe nach eurem Glauben. **(Matthäus 9,29)**

Wenn ihr Glauben habt […] wird euch nichts unmöglich sein. **(Matthäus 17,20)**

Es lohnt sich, dieses Bewusstsein anzustreben. Sind wir uns erst der unendlichen Fülle, die uns umgibt, bewusst, erleben wir tägliche Wunder. Sobald wir uns der eigenen Macht unseres wahren Wesens öffnen und das ICH BIN in unserem ganzen SEIN leben, sind wir frei und bringen den Strom der Fülle und des Glücks wieder in Fluss. Mache dir bewusst, welch wunderbare Geschenke dein Leben für dich bereithält. Schreibe 10 davon auf. Wenn es dir einmal nicht so gut geht, dann lese sie dir durch, und du spürst sofort tiefe Dankbarkeit.

Die Erkenntnis für diesen Tag lautet:

Erwarte Wunder, und es werden Wunder geschehen. Nimm alle Geschenke des Lebens dankbar an mit dem tiefen Wissen, dass es dein Geburtsrecht ist und dass du es wert bist, alle Schätze des Universums auszukosten.

4. Gerade heute arbeite ich ehrlich, voller Leichtigkeit und Freude am Tun.

Affirmation für den heutigen Tag:

Was auch immer heute geschieht, ich bin jederzeit bemüht, ehrlich mit mir und meinem Gegenüber zu sein und meine Arbeit mit Liebe zu füllen.

Liebevolle Umsetzung:

Wenn ich ehrlich und aufrichtig mit mir und meinen Mitmenschen bin, bewege ich mich im natürlichen Fluss meines Lebens. Mein größtes Bestreben ist es, in Liebe zu handeln und andere Menschen so zu behandeln, wie ich es mir auch für mich wünsche. Sobald wir uns vor der Wirklichkeit verschließen, finden wir uns in unterschiedlichsten Konfliktsituationen wieder und geraten mehr und mehr in einen unendlichen Strudel aus Unwahrheiten, der uns die Sicht auf alles, was ist, völlig vernebelt. Das Leben in ständigen Unwahrheiten und Täuschungen ist energieraubend und kompliziert und blockiert uns in der Wahrnehmung unseres eigenen Wesens und unserer eigentlichen Essenz. Ehrlichkeit und Aufrichtigkeit uns selbst und unseren Eltern, Kindern, Lehrern und allen anderen Menschen gegenüber führen uns in Liebe und Harmonie zu einem glücklichen, erfüllten Leben. Bin ich ehrlich, ermutige ich mein Gegenüber auch zu mehr Ehrlichkeit.

Die Erkenntnis für diesen Tag lautet:

Aus der Wahrheit resultieren unsere Selbstliebe und das Erkennen unseres wahren Wesenskernes. Wenn wir ehrlich und aufrichtig durchs Leben gehen und unsere Arbeit und alles, was wir tun, mit Liebe füllen und uns davon leiten lassen, sind wir in der Lage, in Harmonie und im Gleichklang zu leben.

5. Gerade heute bin ich achtsam und liebevoll gegenüber allem Leben.

Affirmation für den heutigen Tag:

Was auch immer heute geschieht, ich achte alle Lebewesen unserer Erde und gehe achtsam und respektvoll mit ihnen um.

Liebevolle Umsetzung:

Es ist wichtig, dass wir freundlich zu allen Menschen und Lebewesen sind, die uns begegnen. Dazu ist es unabdingbar, uns selbst so anzunehmen, wie wir sind. Ohne Selbstliebe können wir unseren Nächsten auch nicht lieben und akzeptieren. Liebevoller Umgang mit uns selbst und allem, was ist, lässt uns auf eine Zukunft in Frieden und Freiheit hoffen.
Auch der liebevolle Umgang mit der Natur ist wichtig, denn unsere Erde ist nur geliehen. Wir sind dafür verantwortlich, dass auch unsere Nachkommen noch eine Erde vorfinden, auf der es sich zu leben lohnt.

Erkenntnis des Tages:

Jedes Licht, welches wir in Liebe entzünden, tragen wir in die Welt hinaus. Darum fühlt euch aufgerufen, euer Leben auf Liebe zu lenken, jede Art von Ärger in Frieden und jede Sorge in Vertrauen zu wandeln. Heute nehme ich mir vor, jedem Menschen und jedem Lebewesen mit Respekt und Liebe zu begegnen.

9 Lebensschätze

Um in Zukunft einen neuen friedlichen, liebevollen Weg zu begehen, einen Weg, der dich durch die spürbare Zeit des Wandels und der Transformation führt, möchte ich dir meine 9 Lebensschätze an die Hand geben. Sie stammen aus meinem eigenen Erfahrungsschatz und haben mich bei so manchem Sturm in meinem Leben sicher wieder nach Hause gebracht. Du kannst die Texte als Tagesbegleiter nutzen. Wenn du dich von einem Zitat angesprochen fühlst, schreibe es dir heraus, und nimm es mit in deinen Tag. Nutze es so lange, bis dich ein anderes Zitat anspricht. Ich wünsche dir viel Freude und eine lichtvolle Unterstützung.

1. Erkenne deine Aufgabe,
   und es ist vollkommen egal,
   wie du sie löst oder umsetzt.
   Tue es bewusst
   und in voller Verantwortung
   für dein Tun und dein Handeln.
   Tue es mit vollem Respekt für dich,
   vor dir, deinen Mitmenschen
   und deiner Umwelt.

2. Nimm dir jeden Tag einige Minuten nur für dich.
   Nutze diese Zeit, um zu dir,
   in deine eigene Mitte zu kommen.

Schreibe deine Wünsche,
Sehnsüchte und Gedanken nieder,
oder zelebriere eine kleine Meditation.
Vielleicht treibst du auch ein wenig Sport.
Aber komme zu dir, finde zu dir selbst,
deiner Mitte, deiner ureigenen Essenz,
deinem inneren Ich!

3. Dein eigenes Glück,
zu dir selbst und deine eigene Tiefe,
innere Ruhe und Zufriedenheit
wirst du nur dann finden,
wenn du mit dir selbst im Reinen bist
und dich und dein Leben
auf das konzentrierst,
was für dich wirklich wichtig ist.
Trenne dich von allem Unwichtigen,
von allem Unwesentlichen
und von allem Ballast.

4. Betrachte deine Liebe,
deine Erfolge und dein Glück
mit viel Demut und Respekt.
Bedenke dabei, wie viel Freude
dein Leben dir bereitet und welche
Lernerfolge es für dich beinhaltet.

5. Sich etwas zu wünschen
und an seinen Erfolgen
mit sehr viel Freude zu arbeiten,
sind lebenswerte Ziele.
Bedenke aber, dass oft auch
der Weg selbst das Ziel ist
und die Erfahrungen,
die daraus resultieren,
mehr zählen als das
Erreichen deines
ursprünglichen Ziels.

6. Achte darauf, wie du
mit deinen Mitmenschen,
mit deiner Umgebung umgehst.
Behandle alle so,
wie du selbst behandelt werden möchtest.
Denn alles wird dich spiegeln.

7. Kommt es zu Unstimmigkeiten
oder gar zu Streit, bedenke:
Es beginnt immer alles bei dir.
Deine Gedanken
beeinflussen deine Aktionen.
Deine Aktion beeinflusst die
Reaktion deines Gegenübers.

8. Wenn du dir etwas von Herzen wünschst,
bedenke, dass jeder Wunsch
in Erfüllung gehen kann.
Bedenke aber auch,
dass jeder erfüllte Wunsch
eine Veränderung deines Lebens,
deiner Lebenssituation
mit sich bringt.
Willst und kannst du mit der
Veränderung leben?

9. Wenn du nichts mehr lernst,
wenn du nichts Neues mehr siehst,
keine neuen Eindrücke mehr sammelst,
immer das Gleiche tust,
tagein, tagaus,
dann wirst du stagnieren.
Darum reise an viele
verschiedene Orte,
bleibe in reger Kommunikation,
bleibe in einem ständigen Lernprozess,
sei wissbegierig und tolerant.
So bleibst du bis ins hohe Alter flexibel.

Umgesetzt von Gerd Breuer

22 Lebensweisheiten für ein neues Zeitalter

1. Der erste Schritt zu einer vollkommenen Gesundheit ist, sich jeden Tag ein bewusstes Lächeln auf die Lippen zu zaubern.

2. Aus einer schier unerschöpflichen Quelle erquickender Energien schöpfen wir, wenn wir die Stille ebenso wie den Müßiggang, das süße Nichtstun, genießen können und in unseren Alltag einbinden.

3. Unsere konstruktivsten Kritiker sind unsere besten Freunde.

4. Die Menschen, die uns augenscheinlich am meisten nerven, sind unsere besten Lehrer.

5. Dauerhafte Gesundheit erhältst du aus der Erkenntnis über den Sinn deines Lebens.

6. Erkenne in jeder scheinbar negativen Situation die Chance zur inneren Reifung und Freiheit.

7. Orientiere dich an authentischen Menschen, denn sie zeigen dir den Weg zu deiner eigenen Natürlichkeit.

8. Für den Weg zu einem erfüllten Leben benötigst du drei Dinge: einen persönlichen Kompass, eigene Werte und Ziele, geistige sowie körperliche Unabhängigkeit.

9. Du, ja genau du, bist wichtig. Jeder Einzelne von uns ist ein Mosaikstückchen in einem übergeordneten großen Ganzen.

10. Entdecke in dir die heilige Kraft und die Magie, dich jeden Tag neu erschaffen zu können.

11. Begib dich in die Energie des Mutes, und begib dich auf einen neuen Weg des neuen Zeitalters, kehre um, höre endlich auf deine innere Stimme, die immer lauter wird und dir sagt: »Finde zurück zu deiner ursprünglichen Natürlichkeit.«

12. Sei stets ehrlich mit dir und deinem Leben, und verstricke dich nicht in immer neue Lebenslügen, die dich von Tag zu Tag mehr erschöpfen.

13. Steuere mit deinem Bewusstsein deine Herzenergie, verbinde deine Gedanken mit reiner Liebe, und es beginnt auch für dich eine Zeit der Wunder.

14. Mit jedem Tag, den du in Liebe zu dir selbst beginnst, bist du deiner eigenen Wahrheit ein Stückchen näher.

15. Nimm dir die Zeit, für dich neue Aufgaben zu finden, Aufgaben, die dein Herz erfreuen. So gelangst du zur grenzenlosen Erfüllung all deiner Träume.

16. Du bist unendlich reich, wenn du jeden Morgen mit einem Lächeln auf den Lippen wach wirst.

17. Es ist nicht wichtig, was du tust, wichtig ist, wie du es tust.

18. Erst wenn wir uns selbst als wertvoll empfinden, kann unsere Seele gesunden.

19. Mache dich nicht abhängig von der Zuneigung anderer, erkenne selbst in dir, wie wertvoll du bist, dann brauchst du keine Anerkennung von außen.

20. Tiefe Zufriedenheit mit sich und allem, was ist, lässt unsere Glückshormone in ungeahnte Höhen schwingen.

21. So wie du einem Freund mit Verständnis in einer schwierigen Lebensphase begegnest, solltest du es auch mit dir selbst halten. Der liebevolle Umgang mit dir selbst steigert deinen Selbstwert enorm.

22. Sei dir selbst dein bester Freund, und begegne dir in jedem Moment deines Lebens mit Verständnis und Mitgefühl.

Für meine Kinder
Morea und Mali

Ich bedanke mich von Herzen für die Unterstützung meines Mannes Gerd. Ohne ihn und seine Geduld wäre dieses Buch nicht zustande gekommen.
Ferner bedanke ich mich bei meinen Kindern, Eltern, Freunden und Bekannten, die immer an mich geglaubt und mich tatkräftig unterstützt haben.